Heilen Und Kochen Mit Bäumen

FSC
www.fsc.org
MIX
Papier aus verantwortungsvollen Quellen
Paper from responsible sources
FSC® C105338

Verlag: BoD · Books on Demand GmbH, Überseering 33,

22297 Hamburg, bod@bod.de

Druck: Libri Plureos GmbH, Friedensallee 273, 22763 Hamburg

ISBN: 978-3-7693-3992-5

Inhaltsverzeichnis

Einleitung

In diesem Buch möchte ich euch altes Wissen näherbringen, das nicht verloren gehen darf und viele neue tolle Rezepte näherbringen, aber nicht nur zum Nachkochen und Essen. Ich werde euch hier auch Rezepte für Tinkturen, Oxymel und Salben näherbringen, es ist erstaunlich, was man sich alles aus der Natur holen kann. Da ich ja auch unter jedem Kraut, das ich euch in meinem ersten Buch vorgestellt habe **Einfach Mal Mit Kräutern Kochen**, die Inhaltsstoffe und Wirkung dazu geschrieben habe, könnt ihr ganz einfach selber rausfinden, welche Tinktur oder Salbe ihr herstellen müsst, um euch zu helfen. Ihr könnt aber auch aus den Bäumen, die ich euch hier vorstelle, Tinkturen und vieles mehr herstellen. Wenn man das ganze Jahr über achtsam durch die Natur geht, wird man feststellen, dass man das ganze Jahr über von ihr profitieren kann. Zum einen kann man täglich frische Kräuter, Knospen, Blätter oder Nadeln zu sich nehmen und zum anderen kann man genug sammeln für den Winter. Ich habe immer meinen Öl-Auszug, Tee/getrocknete Kräuter oder Tinktur zuhause und konsumiere es jeden Tag vorbeugend. Ich habe für mich festgestellt, dass es mir super hilft und ich habe für jede Erkältung oder andere kleine Krankheiten meine eigene Medizin. Man muss dabei aber auch auf seinen Körper hören, was er gerade braucht, ihr werdet merken, wenn ihr euch intensiv mit eurem Körper auseinandersetzt, wird er euch sagen, was er braucht. Meistens wächst sogar genau das Kraut, das man braucht, bei einem vor der Tür. Am besten ist es, wenn ihr beim Kräuter sammeln ohne Handy oder andere Ablenkung unterwegs seid. Nutzt die Zeit, um mal in euch zu gehen und seht das Sammeln als eine Art Meditation, das Hier und Jetzt zu genießen. Gerade jetzt in dieser schnelllebigen Zeit ist es wichtig, auch mal abzuschalten. Es kann aber auch ein toller Familienausflug sein mit den Kindern, wo man alles ganz entspannt, aber lustig gestaltet. Für mich hat das immer etwas Spirituelles, wenn ich durch den Wald oder über Felder laufe und die frische Luft atme und rieche, am liebsten nach oder während eines Regens, da ist die Luft am saubersten und ihr werdet die wunderbare Natur intensiv riechen. Es ist aber auch schon heilend, wenn man einfach einen Waldspaziergang (Waldbaden) macht und die Terpene einatmet, man muss ja nicht jeden Spaziergang mit Kräuter sammeln verbinden. Aber mal das ein oder andere Blatt kann man schon konsumieren, finde ich. Ich selber mache das ja auch täglich und meinem Körper geht es super. Die Homöopathische Medizin wirkt meiner Erfahrung nach am besten vorbeugend, man kann sie aber auch nehmen, wenn man krank ist. Ich bin auch der Überzeugung, dass man ganz selten Tabletten nehmen muss, wenn man die richtigen Kräuter zuhause hat und sich gesund ernährt. Das heißt aber nicht, dass man nie mehr zum Arzt muss, das sollte jeder immer für sich selbst entscheiden. Man muss auch vorsichtig sein bei den Bäumen und Kräutern, die ich euch vorstelle, da man davon auch Nebenwirkungen bekommen kann, die in der Regel aber nicht so schlimm sind. Nebenwirkungen bei zu hohem Konsum können unter anderem Kopfschmerzen, Magen-Darm-Beschwerden, Übelkeit sein. Das kann euch schon passieren, auch wenn ihr euch an meine Angaben haltet. Dann müsst ihr die Dosis einfach etwas herabsetzen, vertragt ihr es aber gut und meint, dass ihr auch mehr vertragt, dann traut euch ran. Ihr könnt im Großen und Ganzen kaum etwas falsch machen, wenn ihr Blätter und Kräuter konsumiert, im Gegenteil, ihr tut euch etwas Gutes. Nebenwirkungen kommen sehr selten vor, meist bei sehr sensiblen Menschen. Ich konsumiere ungefähr 100g frische Blätter und Kräuter jeden Tag, am liebsten von der Hand in den Mund, da ich den natürlichen Geschmack mag. Ich benutze sie aber auch zum Kochen oder mache mir einen Salat, den ich damit etwas aufregender mache. Menschen, die gerne Salat essen so wie ich, werden merken, dass sie weniger Salat essen werden mit der Zeit. Baumblätter und Wildkräuter haben eine viel höhere Nähstoffdichte als jeder gekaufte Salat aus dem Supermarkt und schmeckten besser. Bei jedem Baum, den ich euch hier jetzt vorstelle, könnt ihr immer die Knospen, Blüten, Blätter und Früchte konsumieren. Ihr könnt euch auch aus allem einen Tee, Tinktur oder Oxymel herstellen, auch wenn ich darauf mal nicht näher eingegangen bin.

Terpene

Was machen denn die Terpene mit meinem Körper?

Da man Terpene nicht sammeln kann wie Kräuter und Blätter, gehe ich hier kurz darauf ein. Ich werde versuchen, mich so kurz und deutlich wie möglich zu halten, da ich möchte, dass es jeder versteht. Man muss auch nicht immer aus allem eine Wissenschaft machen, das verunsichert dann wieder viele Menschen und sie probieren es nicht aus.

Die Terpene sind Duftstoffe von Bäumen und die wirken sich auf dein Immunsystem aus und helfen deinem Körper, Killerzellen in deinem Blut zu produzieren, die Krankheitserreger und sogar Krebszellen abtöten können. Außerdem helfen Terpene noch bei Bluthochdruck und senken deinen Cortisolspiegel, so wie deinen Blutzuckerspiegel. Es ist auch sehr zu empfehlen, wenn du unter Depressionen oder Burnout leidest, da hilft dir der Wald auf natürliche Weise durch Terpene, die du einatmest. Wie ihr seht, ist alleine schon der Waldspaziergang gut für unseren Körper und Geist. Ich empfehle jedem, mindestens einmal pro Woche einen langen Waldspaziergang zu machen und ihr werdet feststellen, dass ihr euch nach jedem Spaziergang wie neugeboren fühlt. Wichtig, nehmt euch an diesem Tag nichts vor, außer auf euren Körper zu hören und schauen, wie er sich verändert. Gerade in der heutigen Zeit, wo alles immer schneller wird, ist es wichtig, sich auch mal wieder die Zeit für sich selbst zu nehmen und abzuschalten. Wenn man dann den Spaziergang (Waldbaden) mit Entspannungsübungen verbindet, kann man das Maximale rausholen. In Japan ist das Waldbaden seit den 1980er Jahren ein wichtiger Bestandteil in der Medizin und einer gesunden Lebensweise. Da sieht man mal, dass es in anderen Ländern schon lange bekannt ist, dass die Terpene, die man beim Spaziergang einatmet, gesund sind. Das Beste am Waldbaden ist, dass es kostenlos ist.

Tinkturen selber herstellen

Tinkturen oder eine Urtinktur herzustellen ist gar nicht so schwer, wie man glaubt. Was ist der Unterschied zwischen Tinktur und Urtinktur? Eine Tinktur wird aus getrockneten Kräutern hergestellt und eine Urtinktur wird aus frischen Kräutern hergestellt, das ist schon alles. Es macht auch keinen Unterschied, ob ihr frische oder getrocknete Kräuter benutzt, in beiden sind genug Inhaltsstoffe vorhanden. Man sagt aber auch, dass man ein Verhältnis von 1:5 bis 1:10 macht bei getrockneten Kräutern und 1:5 bei frischen Kräutern. Ich finde aber, dass man das nicht ganz genau nehmen muss, mir hat es noch nie geschadet und ich kenne auch keinen, dem es geschadet hat. Ich rate aber jedem Anfänger, dass er sich erstmal an diese Vorgaben hält, wir wollen ja nicht mehr schaden als helfen. Wenn ihr euch aber damit schon etwas länger befasst habt und euren Körper kennt, dann könnt ihr auch gerne mal eine etwas stärkere Tinktur machen. Wenn ihr euch eine stärkere Tinktur macht, dann könnt ihr auch sagen, dass ihr etwas weniger benutzt und habt immer noch dieselbe Wirkung. So mache ich meine Tinktur und fahre damit ganz gut und werde es auch so beibehalten, da es für mich so perfekt ist. Wenn ihr euch eine Tinktur herstellt, achtet darauf, dass ihr die Tinktur an dem Ort ziehen lasst, an dem die Pflanze auch wächst. Also im Schatten, im Halbschatten oder in der Sonne. Meine Tinkturen stehen alle immer an einem warmen Ort ohne direktes Licht, das geht auch. So haben sie ihren festen Platz, an dem ich jeden Tag vorbeikomme und sie schütteln kann. Hätte ich jetzt verschiedene Plätze, könnte es sein, dass ich meine Tinktur mal vergesse, was allerdings auch nicht so schlimm ist, eine Tinktur kann auch mal 6 Monate ziehen, ohne dass ihr Nebenwirkungen davon bekommt.

Wie ihr seht, kann man Tinkturen ganz einfach selber herstellen, man braucht dafür nur Alkohol und Kräuter, Blätter oder etwas Rinde. Ich benutze verschiedenen Alkohol, mindestens 30% bis 70%, es kommt darauf an, was für eine Tinktur ich herstelle. Je mehr Ätherische Öle das Kraut hat, desto höher der Alkoholgehalt. Wichtig hierbei ist, dass man wie immer sauber arbeitet, das heißt saubere Hände, Arbeitsplatte und Gläser. Ob die Kräuter jetzt frisch oder trocken sind, das überlasse ich dir. Wenn man trockene Kräuter nimmt, hat man einen minimal geringeren Wasseranteil in seiner Tinktur. Aber seien wir mal ehrlich, das ist so gering und nicht der Rede wert. Ich selber benutze meistens frische Kräuter, weil ich glaube, dass sie am meisten Inhaltsstoffe haben, wenn man sie frisch pflückt und direkt verarbeitet. Es kommt aber auch vor, dass ich getrocknete Kräuter benutze, wenn eine Tinktur ausgeht und ich schnell Nachschub brauche. Der Vorteil einer Tinktur, sie hält ewig, natürlich muss man in Deutschland auf alles ein Mindesthaltbarkeitsdatum draufschreiben und deshalb rate ich auch jedem, spätestens nach 2 Jahren die Tinktur zu entsorgen und eine neue anzusetzen. Ihr könnt natürlich auch wie ich etwas experimentieren, wenn ihr euch sicher seid, dass das nicht gefährlich ist. Ich bin mir sicher, dass ihr auch selber experimentieren werdet, der Reiz ist einfach da und man wird ja auch immer sicherer, da man weiß, es ist ein Naturprodukt, das nicht schlecht werden kann.

Jetzt kommen wir mal zur Herstellung, ich habe ja schon gesagt, dass ich unterschiedlichen Alkohol benutze und ihr müsst ja auch wissen, wie viel ihr in ein Glas packen müsst. Wenn ihr jetzt eine Tinktur herstellt mit dem wunderbaren Weißdorn, Spitzwegerich, Efeu oder Malve, reicht ein Alkoholgehalt zwischen 30% Alkohol und 35% Alkohol, wenn es jetzt 40% sind, ist das auch nicht schlimm. Man kann sagen, dass man bei Pflanzen mit vielen Schleimstoffen (Saponinen) Alkohol bis 40% nimmt, das ist absolut ausreichend. Diese Tinkturen lasst ihr auch mindestens vier Wochen ziehen. Wenn ihr aber Thymian, Salbei, Rosmarin oder Oregano verwendet, empfehle ich euch 70% Alkoholgehalt und ihr lasst die Tinktur mindestens drei Wochen ziehen. Wenn ihr eure Tinktur etwas länger ziehen lasst, ist das kein Problem, da es ja nicht schlecht wird. Kürzer würde ich aber keine Tinktur ziehen lassen, da sich ja die Inhaltsstoffe lösen müssen. Ihr könnt aber auch sagen, dass ihr eure Tinktur immer 4 Wochen ziehen lasst, am besten beschriften, wann ihr sie angesetzt habt. Wichtig ist, dass ihr eure Tinkturen jeden Tag schüttelt, kühl und trocken lagert und die Kräuter immer mit Alkohol bedeckt sind. Ich mache meine Tinkturen immer auf dieselbe Weise, ich nehme ein Schraubglas und befülle es zu 2/3 mit Kräutern und gieße dann den Alkohol rein. Die Kräuter aber nicht pressen, nur ganz leicht drücken, so dass sie noch etwas Luft zum atmen haben.

Rezept: Schraubglas zu ¾ mit Kraut füllen und mit Alkohol auffüllen, bis alle Kräuter mit Alkohol bedeckt sind. Täglich schütteln und nach 3-6 Wochen abseihen durch ein feines Sieb oder Kaffeefilter. Dann in dunkle Pipettengläser füllen. So ist eure Tinktur 2 Jahre haltbar.

Hier mal eine kleine Auflistung von Pflanzen mit einem hohen Saponin Gehalt.

Gänseblümchen, Efeu, Birke, Goldrute, Schlüsselblume, Königskerze, Ginseng, Stiefmütterchen, Feldsalat, Spinat, Waschnüsse, Vogelmiere uvm.

Das sind jetzt nur die gängigsten Kräuter, die wahrscheinlich jeder kennt, aber diese Kräuter reichen aus, um euch gesund zu halten. Wenn man jetzt weiter ins Detail geht, muss man auch sagen, dass nicht jedes Kraut gegen dieselben Krankheiten gleich gut hilft. Das hat etwas mit den anderen Inhaltsstoffen zu tun, man kann aber sagen, dass sie auf andere Art es doch tun. Efeu ist der absolute Endgegner bei Erkältungen oder Lungenkrankheiten, gerade wegen den Saponinen und den anderen Inhaltsstoffen, die genau aufeinander abgestimmt sind, am besten mit Thymian zusammen und ihr seid ganz weit vorne. Efeu wächst überall und das ganze Jahr über, das ist noch das Beste daran. Beim Efeu müsst ihr aber vorsichtig sein, da er leicht giftig ist.

Wirkungen Saponine: schleimlösend, auswurffördernd, schweißtreibend, antiviral und antimykotisch, blutreinigend, resorptionsfördernd, hautreinigend, entzündungshemmende, blutdrucksenkende, immunstimmulierende, antibiotische und antioxidative Effekte

Pflanzen mit vielen Ätherischen Ölen sind: Thymian, Kiefer, Lavendel, Rosmarin, Minze, Salbei, Oregano, Eukalyptus, Jasmin, Sandelholz, Schalen von Zitrusfrüchten, Kampfer, Petersilie, Fichte, Tanne, Lerche uvm.

Bei diesen Kräutern nehme ich dann für meine Tinktur einen Alkohol-gehalt von 70% , da sich die Ätherischen Öle damit besser lösen lassen.

Wirkung Ätherische Öle: Je nach Öl gibt es unterschiedliche Wirkungen, sie können aber unter anderem beruhigende, schmerzlindernde, bakterizide, viruzide, wundheilungsfördernde und fungizide Wirkungen haben, hilft bei Depression, Angst, Unruhe uvm.

Auch hier muss ich nochmal erwähnen, dass nicht jedes Ätherische Öl gleich wirkt, es kommt nämlich immer auf die gesamten Inhaltsstoffe an, die in der Pflanze sind und wie sie abgestimmt sind. Jede Pflanze hat einzigartig abgestimmte Inhaltsstoffe und darum solltet ihr euch vorher schlau machen, welches Kraut ihr benutzen müsst. Ich möchte euch nur eine Hilfestellung geben und euch in die richtige Richtung führen, indem ich euch etwas über die Pflanzen und ihre Inhaltsstoffe erzähle. Ich habe auch eine Zeit lang experimentieren müssen, um das richtige Kraut zu finden, das mir hilft. Wenn man auf seinen Körper hört, wird man es ja schnell merken, ob es einem besser geht. Ihr müsst der Medizin aber auch etwas Zeit lassen, es dauert ungefähr zwei Wochen, bis sich euer Körper daran gewöhnt hat.

Tinktur Anwendung

Es kommt darauf an, ob ihr sie zum Gurgeln oder Schlucken benutzt. Beim Gurgeln nehme ich ungefähr 40 Tropfen Tinktur auf ein Glas Wasser und gurgele zwei bis viermal täglich. Das kommt aber auch immer drauf an, wie schlimm die Schmerzen sind. Wenn ich nur leichte Schmerzen habe, dann reicht auch zweimal am Tag aus, ist es akut, dann kann es auch fünfmal am Tag sein. Da müsst ihr wieder ein bisschen auf euren Körper hören und er sagt euch dann, wieviel er braucht. Das Schöne ist ja, ihr könnt nichts falsch machen, wenn ihr öfter mal gurgelt oder mehr als 40 Tropfen benutzt. Ihr könnt auch die Spülung, die ihr morgens macht, den ganzen Tag benutzen und müsst nicht jedes mal den Rest wegschütten.

Ihr könnt die Tinktur aber auch trinken. Ich empfehle, sie einfach mit Wasser zu verdünnen, wenn ihr sie nicht pur trinken wollt, oder ihr könnt etwas mit Geschmack nehmen. Das bleibt jedem selbst überlassen, ich sage mir halt immer, dass es helfen soll und nicht schmecken muss. Wenn ich sie trinke, nehme ich ca. 25 Tropfen auf ein Glas Wasser und wiederhole das auch zwischen 2 bis 5 mal am Tag. Aber auch hier kommt es darauf an, welche Tinktur ich benutze und wie es mir geht. Ich kann es nicht oft genug wiederholen, ihr müsst auf euren Körper hören und schauen, wie es euch geht.

Man kann eine Tinktur aber auch äußerlich anwenden. Wenn man eine Tinktur äußerlich anwendet, müsst ihr vorher die Stelle sauber machen, so dass kein Schmutz mehr vorhanden ist. Jetzt nehmt ihr ein paar Tropfen Tinktur in die Handfläche und massiert sie vorsichtig ein, bis sie komplett eingezogen ist. Auch hier müsst ihr auf euren Körper hören und ihr werdet wissen, wie oft ihr sie am Tag benutzen müsst.

Kleiner Fun Fakt, wenn ihr euch einen Kräuterschnaps ansetzt, stellt ihr eine Tinktur her.

Gemmotherapie

Man kann sich aber auch eine Tinktur aus Knospen herstellen, das nennt man Gemmotherapie und funktioniert etwas anders. Man kann dieses Rezept aber auch für Kräuter benutzen, wenn man möchte. Die Knospen werden am besten geerntet, wenn sie leicht hart, aber oben noch grün sind, kurz bevor sie aufgehen. Warum soll ich Knospen ernten? In den Knospen steckt die geballte Ladung an Energie, sie hat das ganze Erbgut von einer Pflanze, um eine komplett neue Pflanze zu bilden. Mehr konzentrierte Inhaltsstoffe findet man nicht. Zu empfehlen wäre hier schwarze Johannisbeere, da sie gegen sämtliche Erkältungen hilft, Hautkrankheiten, Rheumatische Beschwerden, Entzündungen, ist gut für die Psyche und vieles mehr. Wie ihr seht, ist die schwarze Johannisbeere perfekt. Aber auch hier ist es nur eine Empfehlung, ihr könnt natürlich auch jede andere Knospe benutzen, die ihr gerade braucht. Da ich auf dem Land lebe und einen großen Garten habe mit sämtlichen Obstbäumen und Sträuchern, kann ich auch regelmäßig meine Knospen pur konsumieren. Da empfehle ich 2-4 Knospen am Tag und ihr werdet merken, wie ihr neue Energie bekommt. Am besten ist es, wenn ihr dazu noch Löwenzahn, Gänseblümchen und Brennnessel konsumiert, im Großen und Ganzen esst alles, was ihr kennt und findet. Es wird euch nicht schaden und befreit euch von der Winterdepression.

Rezept: 20% Wasser, 30% Alkohol mit 96% und 50% Glyzerin, Knospen klein hacken, an einem warmen dunklen Ort lagern und täglich schütteln.

Maßstab: 1:10 = 10g Knospen 100ml Flüssigkeit

Einnahme: 1-5 Tropfen 3x am Tag für einen Erwachsenen

Warum benutze ich Wasser, Alkohol und Glyzerin?

Wasser löst alle wasserlöslichen Inhaltsstoffe, der Alkohol löst wieder andere Inhaltsstoffe und das Glyzerin löst alle fettlöslichen Inhaltsstoffe.

Öl-Auszug

Ihr müsst euch nicht unbedingt eine Tinktur herstellen, das kann ja verschiedene Gründe haben, warum ihr das nicht wollt. Da gibt es dann eine andere Alternative, man macht sich einen Öl-Auszug. Der funktioniert am besten mit frischen Kräutern, geht aber auch mit getrockneten.

Rezept: ca. 10-20g Kraut, 100ml Öl und 4-8 Wochen ziehen lassen

Wenn ihr jetzt nur für eure Salbe etwas ansetzen wollt, dann rechnet einfach den Maßstab 1:10 und ihr habt eure Mengenangaben.

Jetzt kann man sagen, man püriert das Kraut in dem Öl und lässt es so ziehen. Man kann es aber auch einfach nur grob hacken oder am Stück im Öl einlegen. Wenn man es püriert oder hackt, lösen sich die Inhaltsstoffe besser. Anschließend filtert man es durch ein Passiertuch oder durch einen Dauer-Kaffeefilter, die sind grobmaschiger, fangen aber die Kräuter gut auf.

Das Beste daran ist, ihr könnt diesen Auszug auch gurgeln (Öl ziehen), trinken (1 EL 2-3 mal am Tag) oder direkt damit die Haut eincremen. Ich selber bin ja ein Freund davon, den Öl-Auszug pur zu benutzen, ich mache ganz selten eine Salbe daraus, da ich sehr trockene Haut habe. Aber für Freunde kann man auch eine Salbe machen, ist immer ein super Geschenk. Für einen Auszug ist es egal, ob ihr ein Olivenöl oder Sonnenblumenöl benutzt. Mein Favorit ist Olivenöl, das habe ich in Spanien von den Einheimischen übernommen, da die sich täglich mit Olivenöl eingecremt haben und darauf schwören. Dasselbe habe ich auch schon von Italienern gehört, dass die sich auch täglich mit Olivenöl eincremen und es auch pur trinken. Ich finde das auch logisch, in einem Olivenöl, generell in Öl sind keine anderen Inhaltsstoffe, die dem Körper schaden können, wie man sie in heutigen Salben und Cremes findet. Klar riechen die heutigen Cremes und Salben ganz gut, aber will ich meinem Körper etwas Gutes tun, sollte ich darauf verzichten oder meine Creme/Salbe selbst herstellen. Wer möchte, kann auch Ätherische Öle in sein Olivenöl mit dazu geben und schon hat man eine gut riechende Creme/Salbe selbst hergestellt, die man auch bei Erkältungen verwenden kann.

Ich möchte euch mal ein Grundrezept vorstellen, mit diesem Rezept könnt ihr dann entscheiden, was für eine Salbe ihr euch herstellen wollt. Ihr könnt euch eine Vitamin D Salbe, Erkältungssalbe oder eine schmerzstillende Salbe herstellen und mit Ätherischen Ölen eurer Wahl veredeln. Wichtig ist natürlich, dass ihr sauber arbeitet. Eure Salben-Gläschen vorher ordentlich reinigen, euren Arbeitsplatz vorher grundreinigen und dann kann auch nichts schief gehen. Eure Salbe würde ich in kleine Gefäße füllen und schnell aufbrauchen, nachdem ihr sie angebrochen habt, auch hier solltet ihr immer mit sauberen Händen die Salbe benutzen. Warum? Wir haben keine Inhaltsstoffe drin wie in der Gekauften aus dem Laden, dafür ist es aber gesünder..

Grundrezept: 100ml Ölauszug und 10g Bienenwachs. Den Bienenwachs und das Öl in einem Wasserbad schmelzen. Dann in saubere Gläschen füllen und verschließen.

So einfach ist das, es ist kein Hexenwerk, eine Salbe selber herzustellen. Wenn ihr jetzt nur 9 Gramm Bienenwachs verwendet, wird eure Salbe streichzarter. Auch hier könnt ihr mal etwas experimentieren und die Salbe auf eure Bedürfnisse abstimmen. Ihr werdet bei der Herstellung halt etwas Zeit brauchen, aber das bekommt ihr mit der Zeit raus, wann ihr einen neuen Auszug ansetzen müsst, um eine Salbe herzustellen. Ich würde auch erstmal nur kleine Mengen herstellen, um zu schauen, wie lange hält sich die Salbe, hilft sie mir oder muss ich vielleicht noch ein anderes Kraut mit dazugeben. Oder vielleicht habt ihr ja auch immer verschiedene Auszüge auf Vorrat, da man das Öl ja auch für einen Salat benutzen kann oder pur, so wie ich es meistens mache. Ihr werdet verblüfft sein, was ihr alles mit einer Zutat anfangen könnt. Wenn ihr wollt, könnt ihr auch ein paar Tropfen Eukalyptus-Öl mit dazugeben und ihr habt dann eine Erkältungssalbe, die ihr euch auf die Brust schmieren könnt, um besser atmen zu können.

Oxymel

Ein Oxymel ist ein Honig-Essig-Auszug, der ideal für Kinder, Schwangere und Ex-Alkoholiker ist, da er komplett ohne Alkohol ist. An den Geschmack muss man sich vielleicht erstmal gewöhnen, da er süß-sauer schmeckt wegen dem Essig. Ein Oxymel ist aber auch sehr lange haltbar und darf deshalb in keiner Hausapotheke fehlen. Ihr könnt euch ein Oxymel aus allen Kräutern oder Bäumen herstellen, die ich euch in meinen Büchern vorgestellt habe oder ihr benutzt andere Kräuter, die ihr kennt. Honig ist ein altbekanntes Hausmittel, das schon seit tausenden von Jahren in der Medizin eingesetzt wird. Honig werden unter anderem entzündungshemmende, antiseptische, wundheilende und antibakterielle Wirkungen nachgesagt. Honig gilt als wärmend und ist für Groß und Klein ein hervorragender Energie-Lieferant. Essig ist ein mindestens genauso gutes Heilmittel wie Honig. Er wirkt unter anderem antimykotisch, desinfizierend, fiebersenkend, stoffwechselanregend und antibakteriell. Wenn wir jetzt noch unsere Kräuter hinzugeben und ein Oxymel herstellen, haben wir eine super Medizin für Jung und Alt. Eben ein echter Alleskönner auf natürlicher Basis, der einen durch den Winter bringen kann. Auch hier könnt ihr selbst entscheiden, was für ein Oxymel ihr euch herstellen wollt, ich gebe euch hier nur ein Beispiel und erkläre euch, wie es funktioniert.

Das Mischverhältnis ist hier 1:3, das heißt 1 Teil Essig, 3 Teile Honig, aber auch hier könnt ihr für euch sagen, dass ihr es umgekehrt macht, 1 Teil Honig, 3 Teile Essig. Es gibt sozusagen nicht das eine Rezept und so muss man es machen, ich zeige euch nur, wie ich es herstelle und es geschmacklich gut finde. Dies ist ein Rezept, das gegen Erkältung hilft, ihr könnt aber auch gerne noch andere Kräuter mit dazugeben oder ein komplett anderes Oxymel herstellen, das bleibt euch überlassen.

Rezept: 450ml Honig, 150ml Essig, 100g Thymian

Thymian waschen und grob hacken. Dann alle Zutaten in ein großes Schraubglas füllen und gut durchrühren. Das Oxymel an einen warmen Ort stellen und täglich durchrühren. Nach 4-6 Wochen durch ein feines Sieb abseihen. Jetzt könnt ihr jeden Tag einen EL mit 100ml Wasser verdünnt trinken.

Tee

Hier möchte ich euch kurz erzählen, für was ihr einen Tee einsetzen könnt und wie ich ihn zubereite. Je nach Anwendung bereite ich ihn anders zu. Auch hier gibt es wieder Unterschiede, wie man einen Tee zubereiten kann, die meisten Menschen lassen einen Tee immer 5-10 Minuten ziehen, was ich auch mache und wenn man seinen Tee nur kurz ziehen lässt, kann man ihn sogar zweimal aufbrühen. Die meisten Menschen werfen den Tee nach dem ersten mal direkt weg, was für mich eine Verschwendung ist, aber das darf ja jeder machen wie er möchte, ich wollte euch nur sagen, dass man das nicht machen muss. Man kann seinen Tee auch auskochen, das mache ich meistens, ich lassen ihn gerne 20-30 Minuten simmern mit Deckel, so werden alle Inhaltsstoffe aus dem Kraut gezogen und dank dem Deckel kann man sie wieder in den Tee zurück gießen, da sie dort aufgefangen werden. Mir ist klar, dass jetzt einige denken, dass ich spinne, weil ich meinen Tee so lange auskoche, aber das liegt daran, dass es im Europäischen Raum selten so gemacht wird, hier wird der Tee meistens nur kurz aufgebrüht und am besten nur mit 80 Grad warmen Wasser, um keine Inhaltsstoffe kaputt zu machen. Wenn man einen Tee länger ziehen lässt oder kocht, kann er bitter werden und das mögen die meisten Menschen nicht, aber wie heißt es so schön "Medizin soll nicht schmecken, sie soll helfen" und da ist was dran. Man kann sich aber auch einen Kaltauszug machen, das heißt, man übergießt den Tee mit heißem Wasser und lässt ihn 24 Stunden ziehen, so bekommt man auch die meisten Inhaltsstoffe raus und spart natürlich Energie. Wie ihr seht, ist ein Tee vom Vortag nicht schlecht und man kann ihn bedenkenlos trinken oder anders anwenden. Wenn man seinen Tee also auskocht oder einen Kaltauszug macht, kann man ihn auch äußerlich anwenden bei unreiner Haut, Hämorriden, oder als Badezusatz uvm. Da kommt es aber auf den Tee an, ob dieses Kraut dafür geeignet ist, aber das erzähle ich euch ja immer, für was es gut ist. Wenn man ihn äußerlich anwendet, würde ich den Tee nicht verdünnen und so wie er ist, mich damit waschen, da darf er auch ruhig mal etwas stärker sein als gewohnt. Aber auch hier gilt, nicht länger als zwei

Wochen anwenden, wenn es dann nicht besser geworden ist mit der Haut, sollte man einen Arzt hinzuziehen. Ihr könnt diesen Tee dann auch wunderbar unverdünnt zum Gurgeln nehmen, wenn ihr Hals-schmerzen oder leichte Entzündungen im Mund-Rachen-Bereich habt. Ihr könnt euch aber auch aus diesem etwas stärkeren Tee einen Umschlag machen, der gut bei Ekzemen, juckender oder entzündeter Haut hilft, da müsst ihr nicht viel machen. Einfach einen Auszug vom Tee und dann ein Handtuch damit tränken und auf die betroffene Stelle legen für ca. 20 Minuten. Diesen Vorgang wiederholt ihr 1-3 mal am Tag und spült eure Haut danach mit klarem Wasser ab. Wie ihr seht, muss man einen Tee nicht nur trinken, man kann ihn gurgeln, sich damit waschen, Umschläge machen oder als Badezusatz verwenden, wenn man das richtige Kraut zuhause hat.

Wieviel Tee verwende ich auf wieviel Wasser?

Bei getrockneten Kräutern benutze ich immer 1 EL auf 250ml Wasser.

Bei frischen Kräutern benutze ich immer 2-3 EL auf 250ml Wasser.

Wichtig ist, dass der Tee wenn möglich mit einem Deckel zugedeckt wird, damit die wasserlöslichen Inhaltsstoffe nicht zu sehr verdampfen und man sie wieder zurück in den Tee gießen kann.

Wenn ihr euch einen Tee als Badezusatz macht, könnt ihr auch gerne 5 EL Tee auf 1 Liter Wasser verwenden, verdünnt wird es ja durch das Badewasser.

Vitamin C Pulver

Jeder kennt es, das Vitamin C Pulver oder die Vitamin C Kapseln. Ich finde es gut, dass es das gibt und benutze es auch, aber ich schaue, dass ich ein natürliches Vitamin C Pulver benutze und kein synthetisches. Das macht aber keinen Unterschied, welches ihr benutzt, da beides gleich gut wirkt. Ich finde das Natürliche einfach besser, weil es noch mehr andere Inhaltsstoffe hat als reine Ascorbinsäure. Da könnte man schon sagen, dass ein natürliches Vitamin C Pulver gesünder ist als Synthetisches.

Aber für was ist Vitamin C eigentlich gut? Es ist gut für unser Immunsystem, Nervensystem, gut für Zähne und Knochen, hilft gegen Müdigkeit, gut für unser Bindegewebe uvm.

Wie ihr seht, ist Vitamin C sehr wichtig für unseren Körper und man sollte es täglich konsumieren, so viel wie möglich. Vorgeschrieben wird, dass man 110mg Vitamin C am Tag zu sich nehmen sollte, das ist aber zu wenig, finde ich. Wenn man sich an diese Dosis hält, hat man genug Vitamin C zum Überleben, aber nicht so viel, dass es einem gut geht. Ich konsumiere ungefähr das 5- bis 10-fache der vorgeschriebenen Menge und hatte noch nie Nebenwirkungen davon. Wobei, eine habe ich, ich habe extrem viel Energie und werde selten krank und finde, das ist eine gute Nebenwirkung. Ich finde, jeder sollte das mal ausprobieren und mehr als die vorgeschriebene Menge konsumieren, um zu schauen, wie es einem geht. Bei Vitamin C kann man erst ab 3-4 g am Tag leichte Nebenwirkungen bekommen und das wäre dann leichter Durchfall und Übelkeit, ich finde diese Nebenwirkung jetzt nicht so schlimm und zum anderen muss man es erstmal schaffen, diese Menge zu konsumieren. Von daher traut euch ruhig mal etwas mehr als vorgeschrieben zu konsu-mieren. Am besten ist es, wenn ihr euch euer Vitamin C Pulver selbst herstellt. Ich habe Kirschbäume in meinem Garten und dadurch natürlich mehr Kirschen, als ich essen oder verarbeiten kann und so bin ich dann auf die Idee gekommen, mir mein eigenes Vitamin C Pulver herzustellen. Ihr müsst aber nicht zwingend Obst nehmen, um euch euer

Vitamin C Pulver herzustellen, ihr könnt dafür auch die Schalen von Zitrusfrüchten nehmen (ja, die Schalen kann man essen, sie haben sehr viele Vitamine) oder ihr nehmt ein Gemüse, das euch gut schmeckt. Ihr könnt aber auch hier experimentieren und euch euer eigenes individuelles Pulver herstellen aus allem, was euch schmeckt. Man kann hier aber auch sagen, dass man nur vitaminreiches Obst benutzt wie Papaya, Mango, Erdbeeren, Apfel, Kirschen, Hagebutten, Schalen von Zitrusfrüchten uvm.

Vitamin C Pulver herzustellen ist ganz einfach. Ihr nehmt beispielsweise 1kg Obst oder Schalen eurer Wahl, zerkleinert es, damit es besser und schneller trocknet. Wichtig, es muss richtig trocken sein. Dann gebt ihr es in einen starken Mixer oder Kaffeemühle und mahlt es zu Pulver und schon habt ihr euer Vitamin C Pulver selbst hergestellt. Davon könnt ihr jeden Tag 1 EL Pulver auf ein Glas Wasser geben und trinken. Das Pulver wird sich aber nicht auflösen, so wie ihr es von gekauften kennt, das ist aber nicht schlimm. Wenn ihr es aus nur einem Obst herstellt, schmeckt das Wasser auch danach und ist nicht nur gesund, sondern auch lecker. Jetzt müsst ihr nie wieder ein Vitamin C Pulver kaufen, weil ihr es ganz einfach selbst herstellen könnt.

Baumharz

Baumharze oder Waldkaugummi genannt, sind eine tolle Sache, da man sie vielseitig einsetzen kann. Baumharz findet man an verletzten Bäumen, da sie sich damit vor Krankheiten, Fressfeinden und Bakterien schützen und genau das können wir auch damit machen, uns vor Krankheiten schützen und heilen. Besonders gut geeignet bei Lungen-/Atemwegserkrankungen sind Harze von Nadelbäumen wie Kiefer, Lerche oder Tanne. Alle Harze haben eine antibakterielle, desinfizierende, antivirale, antimykotische, antiseptische, wundheilende, schmerzstillende, durchblutungsfördernde, schleimlösende Wirkung. Man kann sie zum Teil kauen wie Kaugummi, Tinktur herstellen, räuchern, Salben herstellen. Die wichtigsten Inhaltsstoffe sind Harz, Ätherisches Öl, Terpentin. Wenn ihr euch euer Harz sammelt, ist es ratsam, an vielen verschiedenen Bäumen das Harz zu sammeln und nicht an der Austrittswunde, da sich der Baum damit ja schützt. Man kann es wunderbar etwas weiter unten entfernen, da das Harz ja den Baum herunterläuft und man ihm so nicht schadet. Das Harz gibt es in verschiedenen Farben von goldgelb, braun, klar oder milchig. Zum Sammeln von Baumharz braucht ihr nur ein kleines Messer und ein Glasgefäß mit Deckel und zu finden ist es überall, wo viel Brennholz gemacht wird, da dort regelmäßig Bäume verletzt werden durch die großen Maschinen, die dort im Einsatz sind. Jetzt möchte ich euch einmal erklären, wie ihr das Harz verarbeiten könnt.

Tinktur

Schraubglas mit Deckel, 20-30g Harz getrocknet, 95% Alkohol, dunkles Pipettenglas

Harz zerkleinern und mit dem Alkohol in ein Schraubglas füllen. 4 Wochen warm und nicht direktem Sonnenlicht ausgesetzt ziehen lassen. Täglich schütteln. Durch ein feines Sieb abseihen und in das Pipettenglas füllen.

Anwendung bei Zahnfleisch-, Mund- und Rachenentzündung, Zahnschmerzen, Hautdesinfektion

Salbe/Pechsalbe

30g Baumharz, 80ml Olivenöl, 10g Bienenwachs

Öl in einem Wasserbad erhitzen. Das Harz dazugeben und verflüssigen. Jetzt durch ein Passiertuch filtern, da es eventuell kleine Verunreinigungen enthalten kann. Bienenwachs und das Öl erwärmen im Wasserbad, bis es geschmolzen ist. In saubere kleine Gläser füllen.

Die Salbe könnt ihr bei Rheuma, Erkältung, Schmerzen, Schürfwunden, offenen Wunden oder als Zugsalbe anwenden

Für diese Salbe empfehle ich euch einen alten Topf oder Schüssel, da sich das Gefäß sehr schlecht reinigen lässt.

Räuchern

Dafür braucht ihr eine Duftlampe, Alufolie, Teelicht, Harz

Die Alufolie legt ihr oben auf eure Duftlampe und legt da euer Harz rein. Unten das Teelicht anmachen und den Geruch genießen. Ich finde die Variante am besten, da das Teelicht die Temperatur gleichmäßig hält und nicht so eine starke Rauchentwicklung hat, wie wenn man Räucherkohle benutzt. Beim Räuchern ist es ratsam, die Duftlampe an einen Ort zu stellen, der nicht schnell anfangen kann zu brennen, da das Harz leicht entzündlich ist.

Essbare Bäume

Jetzt kommen wir mal zu den essbaren Bäumen, die wir hier überall haben. Einige oder die meisten Bäume werdet ihr wahrscheinlich kennen, aber wusstet nicht, dass man da auch die Blätter oder Knospen essen kann. Man kann sagen, dass man von jedem Obstbaum, den wir hier haben, die Blätter und Knospen essen kann. Es gibt sogar Menschen, die sagen, dass man das Obst rausschmeckt, wenn man die Blätter isst. Ich persönlich kann leider nur sagen, dass die Blätter verdammt lecker sind. Wenn ich mit meinen Hunden unterwegs bin und an Obstbäumen oder anderen Bäumen vorbeikomme, muss ich immer ein paar Blätter essen, das mache ich das ganze Jahr über. Ich gehe davon aus, dass ich ungefähr 100g Blätter und Wildkräuter jeden Tag esse, es kann mal mehr, mal weniger sein, das kommt immer darauf an, wie ich mich fühle. Es ist aber auch sehr abwechslungsreich, ich esse jetzt nicht 100g von einem Baum oder Kraut, man möchte den Baum ja nicht kahlfressen, er soll ja weiter wachsen und schöne Früchte tragen. Mit den Knospen ist es genau dasselbe, da esse ich aber immer nur 3-5 Stück am Tag, da das auch schon reicht, um ganz weit nach vorne zu kommen und dafür andere Wildkräuter etwas mehr. Wenn mein Körper genug hat, dann sagt er es mir, indem ich automatisch weniger konsumiere, brauche ich gerade etwas mehr, dann esse ich automatisch auch wieder etwas mehr von den Blättern und Kräutern. Ich achte da immer auf meinen Körper, wie er sich fühlt und was er braucht, das ist ganz wichtig, dass man das tut. Man möchte ja keine unerwünschten Nebenwirkungen. Wenn man aber immer saisonale Kräuter isst, hat man ja eine gute Abwechslung und dann kann eigentlich fast nichts schiefgehen. Bei den Bäumen, die ich euch jetzt vorstellen werde, werdet ihr feststellen, dass ich euch mal mehr, mal weniger oder gar keine Rezepte dazu schreibe. Bei den Bäumen, wo ihr keine Rezepte findet, esse ich immer nur ein paar Blätter oder nehme mir ein paar Blätter mit und mache mir einen Salat, Tee oder eine Tinktur. Ich glaube auch fest daran, dass ich euch nicht sagen muss, wie man einen normalen grünen Salat macht und den dann mit ein paar Blätter verfeinert. Wie man eine Tinktur herstellt, wisst ihr ja jetzt auch und darum erlaube ich mir auch hier, das nicht unter jeden Baum zu schreiben. Was aber sehr wichtig ist, bei Nadelbäumen esse ich die Nadeln nicht, ich kaue nur etwas auf ihnen herum und man nimmt die Inhaltsstoffe dann über die Mundschleimhaut auf, zum anderen schmecken die Nadeln sehr angenehm, besonders die der Kiefer.

Ahorn

Ahorn: Die jungen Blätter des Ahorn kann man essen und sind sehr aromatisch, die älteren Blätter dagegen schmecken sehr bitter, wer es aber bitter mag, kann auch ältere Blätter essen. Mache ich auch, aber meistens in Verbindung mit einem anderen Kraut. Der Ahorn gehört jetzt nicht zu den Bäumen, mit denen ich viel koche, ich esse immer nur beim Vorbeigehen die Blätter oder nehme mir ein paar mit nachhause, um meinen Salat zu verfeinern. Man kann die Blätter aber auch gut nutzen für einen Tee oder Kräutertee. Ich kann es jedem nur empfehlen, mal ein paar junge Ahornblätter zu essen.

Wirkung: Der Ahorn wirkt auf unseren Körper entzündungshemmend, adstringierend, fiebersenkend, bei Entzündungen, Ekzemen und Magen-Darm-Beschwerden, Pilzen, Bakterien.

Inhaltsstoffe: Proteine, Eisen, Magnesium, Gerbstoffe, Flavonoide, Saponine und Kalium.

Apfel

Apfel: Äpfel gehören zum beliebtesten Obst der Deutschen und das aus gutem Grund. Äpfel schmecken einfach jedem und das Schöne daran ist, dass man sie fast überall findet. Wir haben hier sehr viele wilde Obstwiesen, wo man sich die leckeren Früchte kostenlos holen kann, man kann aber auch den Bauer von nebenan fragen, ob man sich ein paar Äpfel sammeln darf und meistens bekommt man die Erlaubnis. Die Blätter des Apfelbaums gehören zu meinen Lieblingsblättern, da sie sehr fruchtig schmecken. Aber die Blätter sind nicht nur lecker, sie sind auch sehr gesund und helfen bei Malaria, Durchfall und Rheuma, die Wurzel dient zur Behandlung von Rheuma, Furunkeln, Gelbsucht, Durchfall. Die Äpfel sind natürlich auch sehr gesund und viele kennen den Spruch " an apple a day keeps the doctor away" und da ist was Wahres dran.

Wirkung/Anwendung Äpfel: verdauungsfördernd, harntreibend, helfen bei Blasen- und Nierenkrankheiten, Gicht, Rheuma, immunstärkend, wirken beruhigend und man kann sie für die Hautpflege benutzen.

Inhaltsstoffe Blätter: Vitamine, Gerbstoffe, Mineralstoffe, Spurenelemente, Quercetin, Sekundäre Pflanzenstoffe.

Rezepte Apfel

Apfelsaft: 5kg Äpfel, Entsafter

Zubereitung: Äpfel waschen und grob würfeln. In den Entsafter geben und entsaften. Um ihn haltbar zu machen, müsst ihr ihn 30 Minuten bei 90 Grad einkochen. Aus dem Trester kann man Apfelmus machen, wenn man ihn durch die Flotte Lotte reibt.

Apfelstrudel: 125g Weizenmehl Type 405, 125g Weizenmehl Type 1050, 3g Salz, 1 Ei, 30ml Öl, Mehl zum verarbeiten

Füllung: 1kg Äpfel gewürfelt, 2 Zitronen (Saft), 200g Rosinen, 50g Butter, etwas Butter zum Bestreichen, 80g Semmelbrösel, 100g Zucker, 15g Zimt, Puderzucker, 1 Schuss Rum

<u>Zubereitung:</u>

Teig: Alle Zutaten in eine Schüssel geben und zu einem glatten Teig verrühren. Den Teig zu einer Kugel formen und mit Öl bestreichen.

Füllung: Butter in einer Pfanne erhitzen und die Semmelbrösel goldbraun anrösten unter ständigem Rühren. Äpfel, Zimt, Zucker, Rosinen und Rum dazugeben und kurz mit anbraten.

Backofen auf 190Grad Ober-/Unterhitze vorheizen. Den Teig halbieren und ausrollen. Auf ein sauberes Tuch legen zum besser Einrollen. Jetzt die Hälfte der Füllung dazugeben, zusammenrollen und aufs Backblech legen. Jetzt den Zweiten zusammenrollen und für 35-40 Minuten backen. Nach dem Rausholen direkt mit Butter bestreichen und kurz ziehen lassen. Mit Puderzucker bestäuben und genießen.

Apfelessig: 4 Äpfel oder Apfelreste, 1 Tasse Zucker, Wasser, sauberes Tuch, Glasbehälter mindestens 1 Liter, Kochgarn/Gummi

<u>Zubereitung:</u> Glasbehälter im Backofen bei 130 Grad sterilisieren. Äpfel waschen und vierteln. Äpfel und Zucker in den Glasbehälter geben und mit Wasser auffüllen. Kurz durchrühren, damit sich der Zucker besser auflösen kann. Sauberes Tuch drübergeben und mit dem Kochgarn oder Gummi befestigen. Jetzt stellst du das Gemisch an einen warmen, dunklen Ort und schwenkst das Glas jeden Tag, damit sich kein Schimmel bilden kann. Nach 4-6 Wochen sollten die Äpfel unten schwimmen und der Essig fertig sein. Das riecht man dann auch. Jetzt wird der Essig durch ein sauberes Tuch gelassen und in saubere Flaschen gefüllt.

Apfelmus: 1kg Äpfel, 50ml Apfelsaft, 30g Zucker

Zubereitung: Äpfel waschen, entkernen und würfeln. Apfelsaft, Zucker und Äpfel langsam weichkochen. Durch die Flotte Lotte reiben. Fertig.

Um ihn haltbar zu machen, müsst ihr den Apfelmus 30 Minuten bei 90 Grad einkochen.

Sirup: 1 Liter Saft, 1kg Zucker, saubere leere Flaschen

Zubereitung: Saft und Zucker unter Rühren aufkochen. Heiß in Flaschen füllen.

Tee: Für einen Apfeltee könnt ihr euch einen ganzen Apfel in kleine Würfel schneiden und trocknen lassen. Ihr könnt aber auch einfach nur die Apfelschale nehmen und trocknen lassen oder nehmt nur die Blätter. Dann nehmt ihr einen Esslöffel getrockneter Apfel und übergießt ihn mit 250ml heißem Wasser.

Einkochen: Äpfel kann man problemlos einkochen und dafür braucht ihr nur eure gewünschte Menge Äpfel und saubere Schraubgläser. Äpfel entkernen, waschen und schlechte Äpfel oder Stellen entfernen. Dann füllt ihr die Äpfel bis 5 cm unter den Rand in eure Gläser. Jetzt füllt ihr die Gläser bis 3 cm unter den Rand mit Wasser auf und gebt 1 TL Zucker ins Glas. Den Rand nochmal sauber machen und verschließen. Jetzt legt ihr ein Handtuch oder Holz-Schaschlikspieße unten in den Topf, so dass die Gläser nicht direkt auf dem Boden stehen. Einkochzeit ist 30 Minuten bei 100 Grad im Topf und die Einkochzeit beginnt, wenn das Wasser kocht. Den Topf aber langsam erhitzen, sonst kocht das Wasser, aber im Glas ist es noch kalt.

Äpfel kann man aber auch trocken einkochen, das funktioniert wie oben beschrieben, nur ohne Flüssigkeit. Wenn ihr die Äpfel trocken einkocht, dann könnt ihr das Glas auch richtig voll machen.

Gelee: 1300ml Apfelsaft, 3:1 Zucker, saubere Gläser

Zubereitung: Saft und Zucker aufkochen und kurz köcheln lassen. Heiß in saubere Gläser füllen.

Vitamin C Pulver: 1kg Äpfel, Mixer

Zubereitung: Äpfel waschen und in kleine Würfel schneiden. Äpfel trocknen, entweder an der Luft, Backofen oder Dörte. Im Backofen bei 40 Grad und einen Kochlöffel zwischen Tür und Ofen klemmen, so dass die Feuchtigkeit entweichen kann. Wenn die Äpfel komplett trocken sind, in einen Mixer geben und zu Pulver mahlen. Man kann dann 1 Esslöffel auf ein Glas Wasser nehmen und es trinken.

Birne

Birne: Birnbaumblätter sind geschmacklich auch sehr lecker und gut für Anfänger geeignet. Wer gute Geschmacksnerven hat, kann sogar das Obst rausschmecken, wenn man die Blätter isst. Man kann aber nicht nur die Birnen und die Blätter konsumieren, man kann auch hier die Knospen essen. Bei den Knospen sollte man aber nicht zu viele essen, es reichen täglich 1-3 Knospen, da man ja lieber die Birnen später essen und dem Baum nicht schaden möchte.

Inhaltsstoffe Blätter: Gerbstoffe, Flavonoide, Kalzium, Magnesium, Vitamin A, B und C, Arbutin

Anwendung/Wirkung Blätter: Die Blätter helfen unter anderem als Tee bei Blasenentzündung, wirken adstringierend, antiseptisch, wundheilend, harntreibend und helfen bei Durchfall.

Inhaltsstoffe Birnen: Vitamin A B C, Folsäure, Kalium, Ballaststoffe, Kalzium, Phosphor uvm.

Rezepte Birne

Birnensaft: 5kg Birnen, Entsafter

Zubereitung: Birnen waschen und grob würfeln. In den Entsafter geben und entsaften. Um ihn haltbar zu machen, müsst ihr ihn 30 Minuten bei 90 Grad einkochen. Aus dem Trester kann man Birnenmus machen, wenn man ihn durch die Flotte Lotte reibt.

Birnenmus: 1kg Birnen, 50ml Birnensaft, 30g Zucker

Zubereitung: Birnen waschen, entkernen und würfeln. Birnensaft, Zucker und Birnen langsam weich kochen. Durch die Flotte Lotte reiben. Fertig. Um ihn haltbar zu machen, müsst ihr den Birnenmus 30 Minuten bei 90 Grad einkochen.

Birnenessig: 4 Birnen, 1 Tasse Zucker, Wasser, sauberes Tuch, Glasbehälter mindestens 1 Liter, Kochgarn/Gummi

Zubereitung: Glasbehälter im Backenofen bei 130 Grad sterilisieren. Birnen waschen und vierteln. Birnen und Zucker in den Glasbehälter geben und mit Wasser auffüllen. Kurz durchrühren, damit sich der Zucker besser auflösen kann. Sauberes Tuch drüber geben und mit dem Kochgarn oder Gummi befestigen. Jetzt stellst du das Gemisch an einen warmen, dunklen Ort und schwenkst das Glas jeden Tag, damit sich kein Schimmel bilden kann. Nach 4-6 Wochen sollten die Birnen unten schwimmen und der Essig fertig sein. Das riecht man dann auch. Jetzt wird der Essig durch ein sauberes Tuch gelassen und in saubere Flaschen gefüllt.

Tee: Für einen Birnentee könnt ihr euch eine ganze Birne in kleine Würfel schneiden und trocknen lassen. Ihr könnt aber auch einfach nur die Birnenschale nehmen und trocknen lassen oder ihr nehmt nur die Blätter. Dann nehmt ihr einen Esslöffel getrockneter Birnen und übergießt ihn mit 250ml heißem Wasser.

Schnaps: 4 Birnen, 1 Flasche Wodka, 150g Zucker, 1 Vanilleschote

Zubereitung: Birnen waschen, schälen und vierteln, Vanilleschote der Länge nach aufschneiden. Dann alle Zutaten in ein sauberes Gefäß geben und verschließen. 4 Wochen stehen lassen und gelegentlich schütteln. Dann alles abseihen, Birnen etwas ausdrücken und in eine saubere Flasche füllen.

Sirup: 1 Liter Saft, 1kg Zucker, saubere leere Flaschen

Zubereitung: Saft und Zucker unter Rühren aufkochen. Heiß in Flaschen füllen.

Kuchen: 500g Birnen, 1 El Zucker, Saft einer Zitrone, das ist für die Birnen. *Teig:* 200g Weizenmehl Typ 405, 100g Haselnüsse gemahlen, 1 Päckchen Backpulver, 1 TL Zimt, ca. 100ml Milch, 25g Backkakao, 170g Butter, 80g Blockschokolade, 120g Zucker, 4 Eier M, 1 Prise Salz

Zubereitung: Backofen auf 175 Grad Ober-/Unterhitze vorheizen. Eine Springform (26 cm) einfetten und mit Mehl bestäuben. Die Schokolade fein hacken und im heißen Wasserbad schmelzen.

Die Birnen waschen, schälen und mit einem Teelöffel entkernen. Dann je nach Reifegrad mit Zitronensaft und Zucker kurz andünsten, bis sie weich sind. Bei weichen Birnen fällt dieser Schritt weg.

Für den Teig die weiche Butter mit dem Zucker schaumig schlagen, dann die Eier einzeln nacheinander gut unterrühren. Mehl, Haselnüsse, Backpulver, Zimt, Salz und Kakao mischen. Zusammen mit der geschmolzenen Schokolade und der Milch zur Eiercreme geben. Alle Zutaten zu einem homogenen Teig verrühren. Soviel Milch verwenden, dass der Teig schwer reißend vom Löffel fällt.

Den Teig in die vorbereitete Form füllen und glattstreichen. Die kleinen Birnenhälften mit der Schnittfläche nach unten auf dem Teig verteilen und leicht eindrücken. Kuchen etwa 40-45 Minuten backen; eventuell gegen Ende mit Alufolie abdecken. Stäbchenprobe machen.

Gelee: 1500ml Birnensaft, 3:1 Zucker, saubere Gläser

Zubereitung: Saft und Zucker aufkochen und kurz köcheln lassen. Heiß in saubere Gläser füllen.

Vitamin C Pulver: 1kg Birnen, Mixer

Zubereitung: Birnen waschen und in kleine Würfel schneiden. Birnen trocknen, entweder an der Luft, Backofen oder Dörte. Im Backofen bei 40 Grad und einen Kochlöffel zwischen Tür und Ofen klemmen,, so dass die Feuchtigkeit entweichen kann. Wenn die Birnen komplett trocken sind, in einen Mixer geben und zu Pulver mahlen. Man kann dann 1 Esslöffel auf ein Glas Wasser nehmen und es trinken.

Einkochen: Birnen kann man problemlos einkochen und dafür braucht ihr nur eure gewünschte Menge Birnen und saubere Schraubgläser. Birnen entkernen, waschen und schlechte Birnen oder Stellen entfernen. Dann füllt ihr die Birnen bis 5 cm unter den Rand in eure Gläser. Jetzt füllt ihr die Gläser bis 3 cm unter den Rand mit Wasser auf und gebt 1 TL Zucker ins Glas. Den Rand nochmal sauber machen und verschließen. Jetzt legt ihr ein Handtuch oder Holz-Schaschlikspieße unten in den Topf, so dass die Gläser nicht direkt auf dem Boden stehen. Einkochzeit ist 30 Minuten bei 100 Grad im Topf und die Einkochzeit beginnt, wenn das Wasser kocht. Den Topf aber langsam erhitzen, sonst kocht das Wasser, aber im Glas ist es noch kalt.

Buche

Buche: Buchenblätter haben einen angenehmen milden Geschmack und sind immer ein guter Snack, wenn man durch den Wald läuft. Aber auch diese Blätter sind nicht nur lecker, sie sind auch sehr gesund.

Inhaltsstoffe Blätter: Fenolsäure, Gerbstoffe, Flavonoide, Mineralstoffe, Vitamin C, Gerbstoffe, Fagin (Trimethylamin), Saponine.

Anwendung/Wirkung Blätter: entzündungshemmend, stoffwechsel-anregend, bei Fieber, Zahnfleischentzündung, Ekzemen, Durchfall, Hautproblemen, oder als Umschlag bei Schwellungen.

Inhaltsstoffe Früchte: Vitamin C und B6, Alkaloide, Fagin, Mineralstoffe, Oxalsäure, Proteine, Fette, Öle und Stärke

Anwendung/Wirkung Rinde: Die Rinde wirkt entzündungshemmend, fiebersenkend und die Asche desinfizierend

Rezepte Buche

Pesto: 2 Handvoll Bucheckern geschält, 1 Handvoll Brennessel, 6 El Olivenöl, 1 Prise Salz, 1 Prise Koriander gemahlen

Zubereitung: Bucheckern schälen und in einer Pfanne ohne Öl etwas anrösten unter ständigem Rühren. Alle Zutaten in einen Mixer geben und bis zur gewünschten Konsistenz mixen.

Quark: 30g Bucheckern geschält, 500g Quark, 1 Handvoll Brennnessel, 1 Handvoll Petersilie, Salz Pfeffer nach Geschmack, 2 EL Balsamicoessig hell

Zubereitung: Bucheckern leicht anrösten unter ständigem Rühren und dann grob hacken. Kräuter waschen, trocknen und fein hacken. Alle Zutaten in eine Schüssel geben und verrühren.

Brot: 500 g Dinkelvollkornmehl, 5g Trockenhefe, 300 ml Wasser, 10 g Salz, 50g Bucheckern, 50g Walnusskerne

Zubereitung: Bucheckern schälen, rösten und grob hacken. Walnüsse grob hacken. Alle Zutaten in eine Schüssel geben und verrühren, bis es ein glatter Teig ist. Ist er zu trocken, noch einen Schuss Wasser dazugeben. Kühl gelagert 4-6 Stunden gehen lassen. Backofen auf 220 Grad Ober-/Unterhitze vorheizen. Teig nochmal durchkneten und 30 min gehenlassen. Brot in die Brotform geben und 20 min backen und dann runterschalten auf 180 Grad und nochmal 25 min backen. 1 Tasse mit Wasser in den Ofen dazustellen.

Birke

Birke: Die Birke, der Nierenbaum, hat leicht bitter schmeckende Blätter, die vielleicht nicht jeder mag, aber jeder mal probieren sollte, finde ich. Die heilende Wirkung der Birkenblätter wurde jahrelang getestet und sie sind daher als Arzneimittel anerkannt. Die Blätter oder den Tee sollte man aber in Maßen genießen, da es sonst zu Magen-Darm-Beschwerden kommen kann. Den Tee kann man auch äußerlich anwenden bei Hautunreinheiten. Die Blätter sind sehr gesund und das darf man sich nicht entgehen lassen.

Inhaltsstoffe Blätter: Flavonoide, Saponine und Gerbstoffe, Malonsäure, ätherische Öle, Ascorbinsäure.

Inhaltsstoffe Borke: Über seine Rinde (Borke) gibt der Baum Betulin ab, das man durch Reiben an dem Baum schon auf den Fingern sieht. Das Betulin wirkt entzündungshemmend und eignet sich daher gut für eine Tinktur.

Anwendung/Wirkung Birke: Aus der Birke kann man sich einen Tee, Tinktur, Oxymel oder Ölauszug/Salbe herstellen. Die Birke wirkt fiebersenkend, schweißtreibend, hilft bei Erkältungskrankheiten, Blasenentzündung, wirkt entwässernd und lindert Rheuma und Gicht.

Rezepte Birke

Badezusatz: 400 g Blätter, 2 Liter Wasser

Zubereitung: Blätter in einen großen Topf geben und mit 2 Litern Wasser befüllen und kurz mit Deckel aufkochen lassen. Mit Deckel abkühlen lassen, Blätter abseihen und dann ins Badewasser geben. Nicht länger als 30 Minuten baden und danach noch 30 Minuten ruhen. Am besten wäre es, wenn ihr die Blätter 24 Stunden ziehen lasst.

Haarspülung: 2 EL Birkenblätter getrocknet, 1 Liter Wasser

Zubereitung: Birkenblätter mit kochendem Wasser übergießen und 2 Stunden abgedeckt ziehen lassen. Blätter abseihen. Jetzt könnt ihr euch damit die Haare waschen und den Tee einmassieren, das hilft gegen Schuppen, gibt frischen Glanz ins Haar und fördert die Durchblutung.

Tee Knospen: 1 EL Knospen, 250 ml Wasser

Zubereitung: Die Knospen mit heißem Wasser übergießen und abgedeckt 10 Minuten ziehen lassen. Der Tee hilft super bei Erkältungen. Wer mag, kann auch noch 1 EL Thymian mit dazugeben und den Tee mit Maiwipfelsirup süßen.

Tinktur Knospen: 20 g Knospen, 100 ml Wodka

Zubereitung: Knospen grob hacken und in ein Schraubglas geben. Dann den Wodka dazugeben und verschießen. 4 Wochen an einen warmen dunklen Ort stellen und täglich schütteln. Knospen abseihen und in ein dunkles Pipettenglas füllen.

Ihr könnt aber auch die Blätter nehmen, das funktionier auf die gleiche Weise. Die Tinktur ist durchblutungsfördernd.

Tee: 1 TL Birkenblätter, 1 TL Thymian, 1 TL Lindenblätter, 250 ml Wasser

Zubereitung: Die Kräuter mit 250 ml heißen Wasser übergießen und 5 Minuten abgedeckt ziehen lassen. Kräuter abseihen. Der Tee hilft super bei Erkältung, wirkt schweißtreibend und entwässernd.

Tee: 1 EL Birkenblätter, 200 ml Wasser, 1 Messerspitze Natron

Zubereitung: Blätter mit 200 ml heißem Wasser übergießen und 10 Minuten abgedeckt ziehen lassen. Blätter abseihen und dann das Natron in den Tee geben. Davon 2 Tassen am Tag sind gut bei Nierensteinen, um sie auszuspülen.

Ölauszug Rinde: 25 g Rinde, 100 ml Olivenöl

Zubereitung: Die Rinde grob hacken, in ein Schraubglas geben und mit dem Öl übergießen. An einen dunklen Ort stellen für 4 Wochen und täglich schütteln. Rinde abseihen und in ein dunkles Glas füllen. Der Auszug hilft gut bei Schuppenflechte oder Neurodermitis dank dem Betulin.

Wer will, kann sich jetzt daraus eine Salbe herstellen oder das Öl pur benutzen. Man kann aber auch Rinde und Knospen mischen oder einen Auszug nur aus Knospen herstellen.

Eberesche

Eberesche: Die Eberesche oder auch Vogelbeere hat leicht giftige Früchte, die bei zu großer Einnahme in rohem Zustand Erbrechen und Magen-Darmbeschwerden auslösen können. Man kann aber bedenkenlos mal 5 oder 10 Beeren roh konsumieren, wobei ich auch hier warnen muss, bitte fangt immer langsam an und probiert erstmal 1 Beere. Die Beeren schmecken roh und ohne Zucker auch nicht besonders gut, leicht bitter. Wenn man die Beeren kocht, wird die Parasorbinsäure neutralisiert und man kann sie bedenkenlos essen und sie sind lecker und sogar sehr gesund. Die Beeren stecken voller gesunder Inhaltsstoffe, aber auch die Blätter kann man verwenden und Tee, Salbe oder Tinktur herstellen. Aus den Knospen kann man sich natürlich auch ein Mazerat oder Tinktur herstellen.

Inhaltsstoffe Beeren: Magnesium, Pektin, Carotinoide, Apfelsäure, ätherische Öle, Bitterstoffe, Gerbstoffe, Vitamin A, Vitamin C, Zitronensäure, Vitamin B2/B5/B6, Vitamin E, Zink, Calcium, Eisen

Das ist schon eine Menge an gesunden Inhaltsstoffen, die in den Beeren stecken und natürlich kann man die Beeren auch bei Krankheiten konsumieren.

Anwendung/Wirkung Beeren: Die getrockneten Beeren wirken leicht abführend und helfen bei Nierenerkrankungen und so funktioniert es. Du isst 30 Tage lang die getrockneten Beeren. Du isst am ersten Tag 1 Beere, am zweiten Tag 2 Beeren und das machst du 15 Tage lang, immer eine Beere mehr, bis du bei 15 angekommen bist. Jetzt isst du jeden Tag eine Beere weniger bis du bei 0 angekommen bist. Die Beeren wirken adstringierend, gallenflussanregend, gallentreibend, harntreibend, anti- scorbutisch,

Inhaltsstoffe Blätter: Gerbstoffe, Flavonoide, Zucker, Triterpene, Glykoside, organische Säuren, Mineralsalze und Vitamine.

Anwendung Blätter/Blüten: Rheuma, Gicht, Magenverstimmungen, Bronchitis, Husten, Lungenentzündung, blutreinigend, reinigt die Lymphe, Blase und Nieren.

Rezepte Eberesche Vogelbeere

Saft: 5-6 kg Vogelbeeren

Zubereitung: Vogelbeeren in euren Dampfentsafter geben und entsaften. Den Saft nochmal kurz aufkochen lassen, damit die Parasorbinsäure neutralisiert wird und wer mag, kann noch etwas Zucker hinzufügen. In saubere Flaschen füllen.

Ihr könnt euch aber auch einen Multivitaminsaft machen, indem ihr noch Äpfel, Zwetschgen oder anderes Obst hinzugebt. Um den Saft haltbar zu machen, müsst ihr ihn einkochen und zwar bei 90 Grad für 30 Minuten. Wer wie ich im Kochtopf einkocht, der hat 100 Grad für 30 Minuten. Die Flaschen sollten mindesten ¾ mit Wasser bedeckt sein.

Wichtig: Keinen Plastikdeckel verwenden, da der schmelzen kann und die Flaschen dann nicht dicht sind.

Gelee: 1 Liter Saft, 2:1 Gelierzucker

Zubereitung: Für ein Gelee könnt ihr euch jetzt 1 Liter von eurem Saft nehmen und ihn mit einem 2:1 Gelierzucker nach Anleitung aufkochen und in saubere Gläser füllen. Gläser nicht auf den Kopf stellen beim Abkühlen, da sich sonst eine Keimbrücke bilden kann.

Sirup: 1 Liter Saft, 1 kg Zucker

Zubereitung: Saft und Zucker zusammen aufkochen lassen, bis der Zucker verflüssigt ist. In saubere Flaschen füllen.

Marmelade: 1 kg Beeren ohne Stiele und gewaschen, 1 Packung Gelierzucker 2:1 oder 500 g normalen Zucker, 200 ml Wasser

Zubereitung: Beeren mit dem Wasser in einen Topf geben und weichkochen. Jetzt die Beeren pürieren und den Zucker hinzufügen und kurz aufkochen lassen. In saubere Gläser füllen und abkühlen lassen. Gläser nicht auf den Kopf stellen.

Mus: 1 kg Beeren, 1 kg Äpfel, 500 g Zucker, 1 TL Zimt, ca. 250 ml Wasser

Zubereitung: Äpfel und Beeren waschen. Äpfel in grobe Würfel schneiden und mit den Beeren weichkochen. Beeren und Äpfel durch ein feines Sieb passieren oder durch die Flotte Lotte lassen mit dem feinsten Sieb. Das Mus mit ca. 250 ml Wasser, Zucker und Zimt 10-15 Minuten köcheln lassen. In saubere Gläser füllen. Um es haltbar zu machen, muss das Mus bei 90 Grad für 30 Minuten eingekocht werden. Gläser nicht auf den Kopf stellen und keine Plastikdeckel benutzen.

Likör: 700 g Vogelbeeren, 1 Liter Wodka, 400 g brauner Zucker

Zubereitung: Vogelbeeren waschen, trocknen und 3 Tage ins Eisfach. Dann alle Zutaten in ein großes Gefäß geben und 2-3 Monate kühl und dunkel lagern. Alle 2 Tage mal etwas schütteln. Jetzt alles durch ein feines Sieb lassen und in saubere Flaschen füllen.

Oxymel: 20 g Knospen, 300 ml Honig flüssig, 100 ml Apfelessig

Zubereitung: Knospen grob hacken und dann alle Zutaten in ein großes Glas füllen. 4 Wochen warm und dunkel stehen lassen. Täglich schütteln. Abseihen durch ein feines Sieb und in ein sauberes Glas füllen. Täglich 1 EL auf 100ml Wasser verdünnen.

Eiche

Eiche: Jeder kennt wahrscheinlich die Eiche, da sie in Deutschland überall zu finden ist. Die Blätter der Eiche haben einen milden Geschmack, manche sagen, dass die Blätter leicht nussig schmecken, das kann ich so nicht sagen, aber ich finde sie trotzdem sehr lecker. Bei der Eiche kann man fast den ganzen Baum verwenden, die Blätter, die Rinde und die Eicheln. Ein absolut toller Baum, den man kennen und probieren muss. Hier werde ich euch jetzt erstmal sagen, was für Inhaltsstoffe in dem Baum stecken.

Inhaltsstoffe Eicheln: Kohlenhydrate, Proteine, Gerbstoffe, Mineralien, ungesättigte Fettsäuren, Stärke und Vitamin A, C und E. Der absolute Wahnsinn ist das, was hier schon drinsteckt. Eicheln sind zudem gut für Nerven, Kreislauf, Herz, wirken entzündungshemmend und stärken das Immunsystem.

Inhaltsstoffe Rinde: Tannine und Oligomere, Procyanidine, Gerbstoffe, Ellagitannine, Catechin und Epicatechin

Einsetzen kann man sie bei Durchfall, Magen-Darm-Katarrh, wirkt zusammenziehend, entzündungshemmend, desinfizierend, blutstillend, stopfend, keimtötend, schweißhemmend, gewebefestigend, bei Hämorrhoiden, Entzündungen im Mund-/Rachenraum, bei Juckreiz, Blutzucker, Brandwunden, Darmschleimhautentzündungen,

Inhaltsstoffe Blätter: Triterpene, Gerbstoffe, Bitterstoffe, Lignin, Flavonoide

Einsetzen kann man die Blätter bei Gebärmutterentzündung, Osteoporose, stärkt die Knochendichte, eitrige Bindehautentzündung

Wichtig: Die Eichenrinde/Eiche sollte man nicht benutzen, wenn man schwanger oder am Stillen ist. Man sollte die Eiche auch nicht länger als 2 Wochen benutzen, da es sonst zu Magen-Darm-Beschwerden kommen kann.

Nach 2 Wochen 1 Woche Pause machen und dann kann man sie wieder unbedenklich konsumieren.

Eicheln Vorbereitung: Wenn man die Eicheln essen möchte, muss man sie vorher rösten, wässern und dann trocknen, so spült man die Gerbstoffe raus, die in den Eicheln enthalten sind. Dieser Vorgang dauert einige Tage, aber es lohnt sich und so funktioniert es.

Eicheln im Backofen bei 150 Grad für ca. 20-25 Minuten rösten. Dann die Schale entfernen und die Eicheln in einen Stoffbeutel oder Netz packen. Die Eicheln in einen großen Topf oder Eimer geben und mit Wasser auffüllen, bis die Eicheln komplett unter Wasser sind. 1-2 mal am Tag das Wasser wechseln, bis man klares Wasser hat, dann sind alle Gerbstoffe rausgespült und dieser Vorgang kann 4-6 Tage dauern. Jetzt kann man die Eicheln entweder im Backofen oder Dörrautomat trocken, im Backofen bei kleinster Stufe und einen Kochlöffel zwischen Tür und Ofen klemmen, damit die Feuchtigkeit entweichen kann. Wenn die Eicheln dann komplett trocken sind, kann man sie zu einem Pulver verarbeiten in einem starken Mixer, um sie weiter zu verarbeiten.

Rezepte Eiche

Brot: 250g Eichelmehl, 250g Weizenvollkornmehl, 1 Päckchen Hefe, 10g Salz, 1 EL Öl, 350ml Wasser

Zubereitung: Alle Zutaten in eine Schüssel geben und verrühren, bis es eine homogene Masse ist. Teig abgedeckt mit einem feuchten Handtuch 2 Stunden gehenlassen. Backofen auf 220 Grad vorheizen. Teig nochmal durchkneten und zu einem Brot formen. Brot für 20 Minuten bei 220 Grad backen, dann den Ofen auf 190 Grad stellen und das Brot nochmal 30 Minuten backen.

Eichelkaffee: Um einen Kaffee zuzubereiten, braucht ihr nur 1 TL Eichelmehl, das ihr mit 250 ml heißem Wasser übergießt.

Zwieback: Für den Zwieback benötigt ihr Eichelbrot, das ihr in dünne Scheiben schneidet und für ca. 10-15 Minuten bei 200 Grad kross backt.

Eichenrinde Tee: 3 g Rinde, 500 ml Wasser

Zubereitung: Eichenrinde in 500ml kaltes Wasser geben und 30-45 Minuten ziehen lassen. Dann kurz aufkochen und abgedeckt 5 Minuten ziehen lassen. Rinde abseihen.

Der Tee hilft bei Durchfall, am besten 30 Minuten vor dem Essen eine Tasse trinken. Aber nicht mehr als 3 Tassen am Tag und nicht länger als 4-5 Tage.

Eichenrinden Lösung: 5 g Eichenrinde, 500 ml Wasser

Zubereitung: Die Eichenrinde in 500 ml Wasser 30 Minuten köcheln mit Deckel. Abkühlen lassen und dann abseihen.

Die Lösung kann man unverdünnt 3-4 x am Tag zum Gurgeln benutzen, wenn man Entzündungen im Mund-Rachen-Bereich hat. Man kann sich aber auch einen Umschlag machen, der bei juckender und entzündeter Haut hilft.

Ölauszug Rinde: 10 g Eichenrinde, 15 g Ringelblume, 150 ml Olivenöl

Zubereitung: Eichenrinde und Ringelblume grob hacken. In ein sauberes Schraubglas füllen und mit Öl übergießen. 4-6 Wochen warm lagern und täglich schütteln. Abseihen und in ein dunkles Glas füllen.

Daraus könnt ihr euch jetzt eine Salbe herstellen oder das Öl pur benutzen. Das Öl oder die Salbe 1-2 x am Tag aufgetragen hilft bei Hämorrhoiden.

Badezusatz: 350g Eichenrinde, 5 Liter Wasser

Zubereitung: Die Eichenrinde in kaltem Wasser ansetzen und 30 Minuten köcheln lassen mit Deckel. Dann 30 Minuten ziehen lassen. Abseihen und ins Badewasser dazugeben.

Man sollte aber nicht länger als 20-30 Minuten baden und man sollte auf ein Bad mit Eichenrinde verzichten, wenn man Fieber oder große offene Wunden hat.

Gebrannte Eicheln: 200 g Eicheln geschält, 100 ml Wasser, 200 g Zucker, 1 Päckchen Vanillezucker, etwas Zimt

Zubereitung: Wasser, Zucker, Vanillezucker und Zimt in Topf oder Pfanne geben und aufkochen lassen. Eicheln dazugeben und unter ständigem Rühren kochen, bis das Wasser verdampft ist. Herd auf kleine Stufe stellen und weiter rühren, bis der Zucker an den Eicheln haftet. Jetzt die Eicheln auf ein Backpapier so verteilen, dass die Eicheln nicht aneinander kleben und abkühlen lassen.

Erle

Erle: Die Erle und ihre Inhaltsstoffe, wie sie in den Blättern und der Rinde vorkommen, sind Gerbstoffe, Triterpensäuren, Zucker, Harze, Steroide, Flavonoide.

Inhaltsstoffe Knospen: In den Knospen finden sich viele Enzyme, Mineralstoffe und Spurenelemente sowie Beta-Sitosterol.

Inhaltsstoffe Kätzchen: Ätherische Öle, Vitamine, Gerbstoffe, Mineralstoffe, Flavonoide, Proteine, Enzyme, Vitalstoffe.

Bei der Erle kann man die Blätter, Rinde und Knospen verwenden. Aus Rinde und Knospen kann man wunderbar ein Gemmomazerat herstellen. Die Rinde wird meistens als Dekokts (Abkochung) verwendet. Die Blätter kann man direkt vom Baum essen, einen Salat damit verfeinern, Tee oder Tinktur herstellen.

Man kann die Erle zum Beispiel bei Fieber anwenden, zur Blutbildung und Reinigung, bei Hals- und Rachenschmerzen, wirkt verdauungsfördernd, der Lymphfluss wird angeregt, zudem wirkt sie blutstillend, adstringierend, schmerzstillend, entzündungshemmend, wundheilend.

Man kann aus den Kätzchen auch ein Mehl herstellen, das man dann beim Backen mit dazugibt. Empfohlen sind ca. 10% von der Gesamtmasse, sprich bei 500g Mehl 50g Kätzchenmehl. Und so einfach geht das. Kätzchen sammeln, solange sie noch verschlossen sind, bitte von verschiedenen Bäumen und nicht einen Baum leer machen. Dann werden die Kätzchen im Backofen oder Dörrautomat getrocknet. Im Backofen bei niedrigster Temperatur und einen Kochlöffel zwischen Ofen und Tür klemmen, damit die Feuchtigkeit entweichen kann. Der Vorgang dauert mehrere Stunden, je nachdem, wieviel ihr auf euer Backblech legt, ihr könnt sie auch gelegentlich mal wenden. Wenn die Kätzchen trocken sind, könnt ihr sie in Mixer oder Kaffeemühle geben und zu Pulver mahlen. Das Mehl am besten in ein sauberes Schraubglas füllen und dunkel lagern. Das Mehl könnt ihr für verschiedene Speisen verwenden wie Brot oder Brötchen, Müsli, Butter, Quark, Jogurt oder in Suppen.

Rezepte Erle

Brot: 450 g Weizenmehl, 50 g Kätzchenmehl, 1 Päckchen Hefe, 10 g Salz, 50 g Röstzwiebeln, 320 ml Wasser

Zubereitung: Mehl, Wasser, Salz und Hefe in eine Schüssel geben und zu einem glatten Teig verrühren. Den Teig eine Stunde gehenlassen und Backofen auf 200 Grad vorheizen. Zwiebeln und Teig miteinander verrühren, Brot formen und nochmal 30 Minuten gehenlassen. Brot für 50 Minuten backen.

Butter: 250 g Butter weich, 1,5 EL Kätzchenmehl, etwas Salz und Pfeffer, 1 Tasse Wildkräuter (Rotklee, Wilde Möhre, Schafgarbe oder was ihr sonst so findet)

Zubereitung: Wildkräuter waschen, trocknen und fein hacken. Alle Zutaten miteinander vermengen.

Süß-saure Kätzchen: 2 Handvoll Kätzchen, 5 EL Apfelessig, 500 ml Apfelsaft, 2 EL Honig, 4 Pfefferkörner, 2 Pimentkörner, 2 Wacholder-beeren, 300 g Schaffrischkäse oder Tofu

Zubereitung: Alle Zutaten bis auf den Schaffrischkäse in einen Topf geben und für ca. 15 Minuten bei kleiner Hitze köcheln lassen. Pfeffer, Wacholder und Piment entfernen. Käse in dicke Scheiben schneiden und auf einen Teller geben. Mit den Kätzchen und Soße übergießen.

Quark mit Erlenknusper: 1 Handvoll Kätzchen grob gemahlen, 100 g brauner Zucker, 100 g Walnüsse, Abrieb einer halben Zitrone und Orange, etwas Lebkuchengewürz

Für den Quark: Abrieb einer halben Zitrone und Orange, 750 g Quark, 50 g Zucker, 1 TL Zitronensaft, 200 g Sahne, 1 EL Grand Marnier, 2 Orangen

Zubereitung Knusper: Kätzchen und Zucker grob mahlen, Zitronen- und Orangenschale abreiben. Walnüsse ohne Öl leicht anbraten. Zucker und Kätzchen dazugeben und karamellisieren lassen unter ständigem Rühren. Zitronen- und Orangenschale und Lebkuchengewürz dazugeben und verrühren. Jetzt die Masse auf einem Backpapier verstreichen und abkühlen lassen.

Zubereitung Quark: Orangen schälen und in Würfel schneiden und mit Grand Marnier marinieren. Sahne steifschlagen und dem Quark mit Zitronen- und Orangenschale unterheben. Quark und Orangen in ein Glas schichten und das Knusper ganz oben drauf als Topping.

Esche

Esche: Die Esche ist jetzt kein Baum, den ich in der Küche verwende, da esse ich nur die Blätter beim Vorbeigehen oder nehme mir Blätter für einen Tee mit nachhause.

Inhaltsstoffe Blätter: Gerbstoffe, Flavonoide, Zucker, Triterpene, Glykoside, organische Säuren, Mineralsalze und Vitamine.

Rinde: Kampferol, Quercetin, Rutosid, Betulin, Fraxin, Fraxinol, Aesculetin, D-Mannitol.

Aus der Eschenrinde kann man eine Tinktur oder Ölauszug herstellen, die bei Rheuma, Muskelkater, Gicht, Hexenschuss angewendet werden kann, indem man damit die betroffene Stelle einreibt.

Aus den Blättern kann man sich einen Tee machen, der harntreibend wirkt, Entzündungsstoffe ausschwemmt, Schmerzen und rheumatische Beschwerden lindert, Fieber senkt und bei Harnwegsinfekten hilft.

Aus den Knospen und Blättern kann man sich einen Ölauszug herstellen, um eine Salbe herzustellen, die ebenfalls bei Gicht, Rheuma, Hexenschuss und Muskelkater hilft.

Wichtig: Bei Herz- und Nierenproblemen sollte man auf die Esche verzichten.

Fichte

Fichte: Die Fichte ist wie alle Nadelbäume ein super Baum bei Lungenerkrankungen, Husten und vielem mehr, man kann sie aber auch bei Krampfadern, Rheuma, Gicht, Blasenentzündung oder Hautkrankheiten anwenden. Zudem kann man auch wunderbar die Nadeln der Fichte essen bzw. die Nadeln etwas kauen und dann wieder ausspucken, so mache ich es. Die Nadeln schmecken sehr angenehm nach Wald und sollte wirklich jeder mal probieren. Am besten aber, man probiert die jungen Triebe (Maiwipfel), die schmecken am besten, leicht zitronig und man kann sie bedenkenlos essen, da sie sehr weich sind. Man erkennt die jungen Triebe an der hellgrünen Farbe und das sie noch ganz weich sind. Das Harz könnt ihr auch zum Räuchern verwenden oder mal ein bisschen kauen.

Inhaltsstoffe Nadeln: Ätherisches Öl, Vitamin, Amaseinsäure, Gerbstoffe, Picein, Invertzucker, Saccharose

Inhaltsstoffe Harz: Ätherisches Öl, Terpentin, Harz

Wirkung: durchblutungsfördernd, entzündungshemmend, antiseptisch, hustenstillend, harn- und schweißtreibend, schleimlösend, krampfmildernd

Rezepte Fichte

Pesto: 1 Tasse Maiwipfel, 1 Tasse Basilikum, 100 ml Olivenöl, 25 g Pinienkerne, 15 g Parmesan, etwas Salz und Pfeffer

Zubereitung: Pinienkerne in einer Pfanne ohne Öl leicht anbraten. Alle Zutaten in den Mixer geben und pürieren. Mit Salz und Pfeffer abschmecken und nochmal pürieren. In ein sauberes Schraubglas füllen.

Hustensirup: 1,5 Tassen Maiwipfel, 1 Zitrone, ca. 700 g Zucker

Zubereitung: Zitrone waschen und in 5mm dicke Scheiben schneiden. Maiwipfel grob hacken. Jetzt schichtet ihr immer abwechselnd Zucker, Maiwipfel und Zitrone in euer Schraubglas, bis es voll ist. Die unterste und oberste Schicht sollte Zucker sein und wenn möglich keine Luft zwischen den einzelnen Schichten. Jetzt stellt ihr das Glas an einen hellen warmen Ort für 4-6 Wochen, dann sollte sich der ganze Zucker verflüssigt haben. Wenn es unten einen harten Zuckerklumpen gibt, dann könnt ihr den ganz einfach mit einem Löffel durchrühren. Vielleicht müsst ihr eurem Sirup einen kleinen Start geben mit etwas Wodka.

Smoothie: 1 Handvoll Maiwipfel, 1 Apfel, 1 Banane, 200ml Kokoswasser, 1 Vanilleschote

Zubereitung: Vanilleschote der Länge nach aufschneiden und das Mark rausholen mit einem Löffel. Apfel entkernen und grob würfeln, Banane grob in Scheiben schneiden. Alle Zutaten in einen Mixer geben und mixen.

Natürlich könnt ihr auch in jeden anderen Smoothie immer mal wieder eine Handvoll Maiwipfel mit dazugeben.

Eispralinensalat: Pralinen: 50g Maiwipfel, 50g Kokosöl, 90 ml Schlagobers, 150 ml Milch

Salat: 450 g Erdbeeren, Saft einer Zitrone, 1 EL Puderzucker, 1 Handvoll Himbeeren, einige Maiwipfel

Zubereitung: Maiwipfel, Zucker und Milch fein pürieren und dann das Schlagobers unterrühren. Kokosöl erwärmen, bis es flüssig ist und mit der Maiwipfel-Masse cremig schlagen. Die Masse in kleine Förmchen geben und für 24 Stunden ins Eisfach stellen. Erdbeeren waschen, Strunk entfernen und vierteln. Zitronensaft und Zucker dazugeben und verrühren. Erdbeeren auf Teller verteilen und mit den Pralinen aus dem Eisfach, den Himbeeren und ein paar Maiwipfeln dekorieren.

Honig: 200 g Maiwipfel, ca. 1,5 Liter Wasser, 2 Zitronen, Zucker

Zubereitung: Zitronen in Scheiben schneiden und mit den Maiwipfeln in einen großen Topf geben und mit dem Wasser auffüllen. Jetzt lässt du es eine Stunde mit Deckel simmern. Maiwipfel und Zitrone abseihen. Abmessen, wieviel Flüssigkeit du hast und dann 1:1 mit Zucker auffüllen und köcheln lassen. Nach 20 Minuten etwas auf einen Teller geben und schauen, wie die Konsistenz ist, wenn es dir dick genug ist, füllst du den Honig in saubere Schraubgläser. Gläser zum Abkühlen nicht auf den Kopf stellen.

Öl: 1 Tasse Maiwipfel, 500 ml Olivenöl

Zubereitung: Maiwipfel waschen, trocknen und grob hacken. In ein sauberes Schraubglas füllen und mit Öl übergießen, bis alles bedeckt ist. 4 Wochen an einem warmen Ort ziehen lassen und täglich schütteln. Abseihen und in eine saubere Flasche füllen.

Aus diesem Öl könnt ihr euch jetzt eine Salbe herstellen oder ihr benutzt es pur. Das Öl oder die Salbe hilft bei Muskelverspannungen, ist durchblutungsfördernd und hilft bei Gelenkschmerzen. Dafür müsst ihr einfach die entsprechende Stelle sanft mit dem Öl einreiben.

Pechsalbe: 50 g Harz, 100 ml Olivenöl, 10 g Bienenwachs

Zubereitung: Harz und Öl in ein sauberes Glas füllen und im Wasserbad verflüssigen. Das kann 1-2 Stunden dauern. Dann lasst ihr das Harz-Öl-Gemisch durch ein feines Sieb, um Verunreinigungen zu entfernen. Jetzt wird das Gemisch mit dem Bienenwachs in ein sauberes Glas gefüllt und im Wasserbad erwärmt, bis es flüssig ist. In saubere Gläschen füllen und abkühlen lassen.

Badezusatz: 500 g Fichtennadeln, 5 Liter Wasser

Zubereitung: Fichtennadeln in 5 Liter Wasser langsam aufkochen lassen. 1 Stunde simmern lassen. Abseihen und dem Badewasser beifügen.

Für den Badezusatz müsst ihr nicht unbedingt Maiwipfel nehmen, das funktioniert auch sehr gut mit älteren Nadeln und hilft bei Rheuma, Muskelkater, Gicht und Hexenschuss

Salz: 100 g Maiwipfel, 200 g Salz

Zubereitung: Salz und Maiwipfel in einen Mixer geben und pürieren. Auf ein Backpapier verteilen und trocknen lassen. Das könnt ihr im Backofen bei 40 Grad und einem Kochlöffel zwischen Tür und Ofen machen oder an der Luft trocknen. Im Backofen dauert es ein paar Stunden, bis es komplett trocken ist, an der Luft kann das auch mal ein paar Tage dauern.

Hasel

Hasel: Die Haselnuss ist eine der beliebtesten Nüsse bei mir, die ich sehr viel konsumiere in allen Varianten. Aber nicht nur die Nüsse schmecken sehr gut, auch hier kann man die Blätter essen, die sehr mild vom Geschmack sind und im Januar kann man sich auch die Kätzchen sammeln und konsumieren. Schauen wir uns doch mal an, was alles in der Hasel steckt und das ist so einiges. Aus den Blättern der Hasel könnt ihr euch auch eine Tinktur herstellen mit dem Verhältnis 1:5 und 70 % Alkohol oder ihr macht euch eine Gemmomazerat aus den Knospen. Die Hasel ist ein echter Alleskönner und sollte jeder in seiner Hausapotheke haben.

Inhaltsstoffe Nüsse: Vitamin E, Kalium, Kalzium, ungesättigte Fettsäuren, Eisen, Tocophero, Vitamin B5, Vitamin B1, Kupfer, Phospor, Magnesium, Seelen, Eiweiß, Phenolsäuren, Phytosterine

Wirkung Nüsse: sättigend, stimmungsaufhellend, senken den Cholesterinspiegel, antikanzerogen, antimikrobiell, antioxidativ, hemmen Krebserreger, unterstützt die Leberaktivität, wird gegen Lungenbeschwerden und Bronchitis eingesetzt

Inhaltsstoffe Knospen/Kätzchen: Flavonoiden, Beta-Sitosterin, organische Säuren, Enzymen, Mineralstoffe, Gerbstoffe, ätherischen Öle, Betulin, Vitamine, Enzyme,

Wirkung/Anwendung Knospen/Kätzchen: Asthma, Bronchitis, Atemwegserkrankungen, Blutarmut, gereizte Schleimhäute, stoffwechselanregend, entgiftend, entsäuernd

Rezepte Hasel

Pesto: 100 g Haselnüsse, 50 g Petersilie, 50 g Basilikum, 150 ml Olivenöl, 60 g Parmesan, 2 Knoblauchzehen, Salz, Pfeffer

Zubereitung: Knoblauch schälen, Basilikum und Petersilie waschen und trocknen. Alle Zutaten in einen Mixer geben und pürieren. Mit Salz und Pfeffer abschmecken und dann in ein sauberes Glas füllen. Das Pesto mit Öl übergießen, bis alles bedeckt ist.

Likör: 300g Haselnüsse, 750 ml Cognac, 250 g brauner Kandiszucker, 4 Nelken, 1 Zimtstange, 1 Vanilleschote

Zubereitung: Haselnüsse in einer Pfanne ohne Öl leicht anrösten unter ständigem Rühren. Vanilleschote der Länge nach aufschneiden. Alle Zutaten in ein großes Schraubglas geben und 2 Monate an einen dunklen kühlen Ort stellen. Täglich schütteln. Abseihen und in saubere Flaschen füllen.

Kuchen: 300 g Mehl, 100 g Haselnüsse, 250 g Butter weich, 250 g Zucker, 3 Eier, 4 reife Bananen, 2 Päckchen Vanillezucker, 1 Päckchen Backpulver, 3 EL Milch

Zubereitung: Backofen auf 160 Grad vorheizen. Bananen schälen und mit einer Gabel zerdrücken. Alle Zutaten in eine Rührmaschine geben und zu einem glatten Teig verrühren. Kastenform mit einem Backpapier auslegen und den Teig dazugeben. Kuchen für 60 Minuten backen und dann den Stäbchentest machen.

Nutella: 100 g Haselnüsse gemahlen, 100 g Blockschokolade, 80 g Butter, 120 ml Milch, 1 Päckchen Vanillezucker, 60 g Zucker

Zubereitung: Schokolade grob hacken und dann alle Zutaten in einem Topf erwärmen. Wenn es kurz aufgekocht hat, heiß in ein sauberes Schraubglas füllen.

Öl: 1 kg Haselnüsse geschält, Ölpresse

Zubereitung: Haselnüsse grob hacken und langsam in eure Ölpresse geben. Dann das fertige Öl in einen Messbecher geben und 4 Stunden ruhen lassen, man kann es auch über Nacht ruhen lassen, da sich so die Schwebstoffe absetzen. Nach dem Ruhen in eine dunkle Flasche füllen. Aus einem Kilo Haselnüsse bekommt ihr ungefähr 400-500 ml Öl raus. Wichtig ist, dass ihr frische getrocknete Nüsse verwendet.

Jetzt habt ihr ja einen Rest (Trester) noch übrig und den müsst ihr nicht wegschmeißen, den könnt ihr auch noch verwenden. Den Trester, den ihr übrig habt, könnt ihr jetzt in ein Sonnenblumenöl geben und lasst es 2-4 Wochen kühl und dunkel stehen. Täglich schütteln, so nimmt das Öl den Geschmack der Haselnuss an. Das funktioniert auch mit ganzen Nüssen. Jetzt füllt ihr das Öl wieder in einen Messbecher und lasst es ruhen, bis sich die Schwebstoffe abgesetzt haben und füllt es dann wieder in eine dunkle Flasche.

Kätzchen Mehl: 1 kg Kätzchen

Zubereitung: Kätzchen auf dem Ofen oder im Backofen trocknen lassen. Wenn ihr sie im Backofen trocknen lasst, dann stellt ihr den Backofen auf 40-50 Grad und klemmt einen Kochlöffel zwischen Tür und Backofen, so dass die Feuchtigkeit entweichen kann. Im Backofen kann das ungefähr 2-3 Stunden dauern, bis sie getrocknet sind. Wenn die Kätzchen getrocknet sind, gebt ihr sie in einen Mixer und mixt sie, bis es ein Pulver ist. Das Mehl könnt ihr dann esslöffelweise in euren Joghurt, Quark oder Pfannenkuchenteig geben. Wenn ihr ein Brot backt, nehmt ihr 10% Kätzchen auf euer Rezept. Das heißt, bei 500 g Brotteig macht ihr 450 g Mehl und 50 g Kätzchenmehl.

Kirsche

Kirsche: Kirschen sind meiner Meinung nach das leckerste Obst, ich freue mich jedes Jahr auf die Kirschenzeit, wenn man sie wieder überall bekommt. Aber auch bei der Kirsche kann man die Blätter, Knospen, Kirschen und das Harz verwenden. Das Kirschharz ist wunderbar zum Räuchern geeignet, da es beruhigend auf unseren Körper wirkt. Aber bitte nicht extra den Baum anritzen, um an das Harz zu kommen, wenn möglich von einem verletzten Baum vorsichtig abkratzen oder kaufen. Die Knospen kann man auch wunderbar im Frühjahr sammeln und jeden Tag 2-3 Knospen konsumieren, einen Tee, Mazerat oder eine Tinktur herstellen. Die Blätter eignen sich auch gut für einen Tee oder man genießt sie einfach direkt roh vom Baum. Kirschen eignen sich sehr gut, um ein Vitamin Pulver herzustellen, das man sich in sein Müsli, Joghurt, Quark oder einfach in ein Glas Wasser geben kann.

Inhaltsstoffe Kirschen: Vitamin B1, Vitamin B2, Vitamin C, Kalium, Eisen, Kalzium, Phosphor, Eisen, Mineralstoffe, Flavonoide, Phenolsäuren, Carotinoide, Folsäure

Wirkung/Anwendung Kirsche: beruhigend, entgiftend, schlaffördernd, entzündungshemmend, antioxidativ, verdauungsfördernd, schmerzstillend, harntreibend, blutdruckregulierend

Wirkung/Anwendung Blätter: Ein Tee aus den Blättern hilft bei Durchfall, Husten, entzündeten Atemwegen, Krebs vorbeugend, Blutdruck und Cholesterin senkend und wirkt entgiftend, entzündungshemmend.

Rezepte Kirsche

Saft: 6 kg Kirschen

Zubereitung: Kirschen in euren Dampfentsafter geben und entsaften. Wenn man die Kirschen vorher entkernt, kann man mehr Saft gewinnen aus einer Ladung, da man mehr Kirschen reinbekommt. Den Saft nochmal kurz aufkochen und wer mag, kann noch etwas Zucker hinzufügen. In saubere Flaschen füllen.

Ihr könnt euch aber auch einen Multivitaminsaft machen, indem ihr noch Äpfel, Zwetschgen oder anderes Obst hinzugebt. Um den Saft haltbar zu machen, müsst ihr ihn einkochen und zwar bei 90 Grad für 30 Minuten. Wer wie ich im Kochtopf einkocht, der hat 100 Grad für 30 Minuten. Die Flaschen sollten mindesten ¾ mit Wasser bedeckt sein.

Wichtig: Keinen Plastikdeckel verwenden, da der schmelzen kann und die Flaschen dann nicht dicht sind.

Gelee: 1,5 Liter Saft, 3:1 Gelierzucker

Zubereitung: Für ein Gelee könnt ihr euch jetzt 1,5 Liter von eurem Saft nehmen und ihn mit einem 3:1 Gelierzucker nach Anleitung aufkochen und in saubere Gläser füllen. Gläser nicht auf den Kopf stellen beim Abkühlen, da sich sonst eine Keimbrücke bilden kann.

Sirup: 1 Liter Saft, 1 kg Zucker

Zubereitung: Saft und Zucker zusammen aufkochen lassen, bis der Zucker verflüssigt ist. In saubere Flaschen füllen.

Marmelade: 1,5 kg Kirschen entkernt, 1 Packung Gelierzucker 3:1, 100 ml Kirschsaft

Zubereitung: Kirschen mit dem Kirschsaft in einen Topf geben und weichkochen. Jetzt die Kirschen pürieren und den Zucker hinzufügen und kurz aufkochen lassen. In saubere Gläser füllen und abkühlen lassen. Gläser nicht auf den Kopf stellen.

Amaretto: 350 g Kirschkerne, 1 Vanilleschote, 1 Zimtstange, 1 Liter Wodka, 1 Sternanis, 200 g brauner Kandiszucker, 200 g weißer Kandis-zucker,

Zubereitung: Vanilleschote der Länge nach aufschneiden und dann alle Zutaten in ein großes Schraubglas geben. Kühl und dunkel für mindestens 3 Monate, nicht länger als 6 Monate lagern. Täglich schütteln. Alles durch ein feines Sieb abseihen und in saubere Flaschen füllen.

Likör: 750 g Kirschen entkernt, 100 g Kirschkerne, 1 Liter Wodka, 400 g brauner Kandis, 1 Zimtstange, 1 Vanilleschote

Zubereitung: Vanilleschote der Länge nach aufschneiden und dann alle Zutaten in ein großes Schraubglas geben. Kühl und dunkel für 3 Monate lagern und täglich schütteln. Durch ein Passiertuch abseihen und in saubere Flaschen füllen.

Vitamin C Pulver: 1 kg Kirschen entkernt, 50 ml Essig, 5 Liter Wasser

Zubereitung: Kirschen entkernen und in Essigwasser kurz waschen, dann die Kirschen in ein Sieb geben und nochmal mit klarem Wasser gut waschen. Kirschen auf einem Backblech in der Sonne trocknen. In einem Mixer zu Pulver mixen. 1 Esslöffel auf 250 ml Wasser geben. Aus den getrockneten Kirschen könnt ihr euch auch einen Tee machen.

Energy Balls: 130 g getrocknete Kirschen, 120 g Cashewkerne, 200 g getrocknete Datteln, 15 g Kakaopulver, 30 g Kakao-Nibs

Zubereitung: Kirschen, Datteln, Kakao und Nüsse in einen starken Mixer geben und zu einer glatten Masse pürieren. Nibs mit der Hand unterheben und kleine Kügelchen formen.

Kuchen: 200 g Zucker, 1 EL Butter weich, 1 Zitrone, 500 g Kirschen entkernt, 1 Päckchen Backpulver, 250 g Joghurt, 100 ml Sonnenblumenöl, 4 Eier, 1 Päckchen Vanillezucker, 500 g Weizenmehl Type 405, 1 Prise Salz

Zubereitung: Backofen auf 180 Grad Ober-/Unterhitze vorheizen. Zitronenschale abreiben. Zucker, Vanillezucker, Eier und Zitronenabrieb schaumig schlagen. Dann Joghurt und Öl unterheben. Jetzt das Mehl, Backpulver und Salz dazugeben und verrühren. Backblech mit Butter einfetten und dann den Teig gleichmäßig darauf verteilen. Zum Schluss die Kirschen auf dem Kuchen verteilen und leicht andrücken. Jetzt den Kuchen für 25 Minuten backen. Wer mag, kann noch etwas Puderzucker drüber geben nach dem Abkühlen.

Kissen: Aus den Kirschkernen, die ihr übrig habt von eurer Marmelade- oder Saftherstellung, könnt ihr euch euer eigenes Kirschkernkissen machen. Um ein Kirschkernkissen selberzumachen, braucht ihr Baumwolle, Jute oder Leinen, ihr könnt aber auch einfach einen Baumwollkissenbezug kaufen, um es euch einfacher zu machen.

Für die Füllung eines Kissens mit den Maßen 25x25 cm braucht ihr ca. 500 g Kirschkerne. Die Kerne kocht ihr 20 Minuten im Topf, um die letzten Reste zu entfernen, ihr könnt die Kerne danach noch mit einem Handtuch abrubbeln. Dann lasst ihr die Kerne entweder auf der Heizung oder im Backofen trocknen, im Backofen 1 Stunde bei 70 Grad sollte reichen. Wenn die Kerne dann trocken sind, füllt ihr sie in euer Kissen. Ihr könnt das Kissen wie eine Wärmflasche benutzen oder aber auch zum Kühlen nehmen, dafür müsst ihr es nur ins Eisfach legen.

Knospen Salz: 30 g Knospen, 150 g Salz

Zubereitung: Knospen und Salz in einen Mixer geben und kräftig durchmixen. Auf ein Backpapier geben und trocknen lassen. In ein sauberes Schraubglas füllen.

Einkochen: Kirschen kann man problemlos einkochen und dafür braucht ihr nur eure gewünschte Menge Kirschen und saubere Schraubgläser. Kirschen entkernen, waschen und schlechte Kirschen oder Stellen entfernen. Dann füllt ihr die Kirschen bis 5 cm unter den Rand in eure Gläser. Jetzt füllt ihr die Gläser bis 3 cm unter den Rand mit Wasser auf und gebt 1 TL Zucker ins Glas. Den Rand nochmal sauber machen und verschließen. Jetzt legt ihr ein Handtuch oder Holz-Schaschlikspieße unten in den Topf, so dass die Gläser nicht direkt auf dem Boden stehen. Einkochzeit ist 30 Minuten bei 100 Grad im Topf und die Einkochzeit beginnt, wenn das Wasser kocht. Den Topf aber langsam erhitzen, sonst kocht das Wasser, aber im Glas ist es noch kalt.

Kiefer

Kiefer: Die Kiefer erkennt einfach jeder an den langen Nadeln, die der Baum hat und sie wächst bei uns in Deutschland fast überall. Im Winter ist es immer sehr schön, wenn man beim Spazierengehen ein paar frische Kiefernnadeln essen kann. Also nicht schlucken, einfach nur die Nadeln kauen und dann ausspucken. Die Nadeln schmecken sehr angenehm nach Wald und regen den Speichelfluss an. Die Kiefer ist wie alle Nadelbäume (außer der Eibe) ein sehr guter Baum bei Lungen- und Atemwegserkrankungen, aber nicht nur dafür, man kann noch viel mehr aus den Nadeln machen. Ich werde euch hier mal ein paar Rezepte und Anwendungen vorstellen die jeder leicht zuhause nachmachen kann. Man kann sich aber auch das Ätherische Öl kaufen und in seiner Duftlampe verdampfen lassen, das dann luftreinigend, beruhigend und belebend wirkt.

Man sollte die Ätherischen Öle und das Terpentinöl aber mit Vorsicht genießen, da sie sonst zu Vergiftungserscheinungen oder Krämpfen der Atemwege führen können.

Inhaltsstoffe Nadeln: Ätherische Öle, Flavonoide, sekundäre Pflanzenstoffe, Harz, Limonen, Caren, Pinen, Bitterstoffe, Gerbstoffe,

Inhaltsstoffe Harz: Pinen, Caren, Camphen, 3-Caren, Phellandren, Harz, Terpentin, Limonen

Wirkung/Anwendung: auswurffördernd, krampflösend, antiseptisch, antibakteriell, beruhigend, sekretfördernd, Husten, Bronchitis, Halsschmerzen, Heiserkeit, erleichtertes Abhusten, Rheumatische Beschwerden, Muskelkater, Gelenkschmerzen

Rezepte Kiefer

Inhalieren: 20 g Kiefernnadeln, 1 Liter Wasser, Handtuch

Zubereitung: Nadeln grob hacken und mit 1 Liter kochendem Wasser übergießen. Jetzt kann man die Nadeln inhalieren, um die Atemwege frei zu machen.

Badezusatz: 200 g Nadeln, 2 Liter Wasser

Zubereitung: Nadeln in 2 Liter Wasser mit Deckel für 30 Minuten simmern lassen. Jetzt könnt ihr den Sud mit oder ohne Nadeln in euer Badewasser geben. Der Badezusatz wirkt entspannend und befreit die Atemwege. Wer eine Sauna hat, kann den Sud auch als Aufguss verwenden.

Tee: 1-2 Esslöffel Nadeln, 250 ml Wasser

Zubereitung: Nadeln grob hacken und mit 250 ml heißem Wasser übergießen. 10 Minuten abgedeckt ziehen lassen und dann die Nadeln abseihen. Dank dem Vitamin C der Nadeln ist es ein super Erkältungstee.

Man kann aber auch etwas Thymian oder Minze mit dazugeben.

Tinktur: 20 g Nadeln, 100 ml Alkohol

Zubereitung: Wenn ihr frische Nadeln benutzt, dann nehmt ihr einen Alkohol mit 70% und wenn ihr getrocknete Nadeln benutzt, dann reicht ein Alkoholgehalt von 40%

Nadeln grob hacken und in ein Schraubglas geben und mit Alkohol befüllen. Jetzt lasst ihr das Glas kühl für 2 Monate stehen und schüttelt es täglich. Abseihen und in ein dunkles Glas füllen.

Badezusatz: 5 Tropfen Kiefernadelöl, 5 ml Olivenöl, 100 ml Milch

Zubereitung: Alle Zutaten dem Badewasser beigeben und nicht länger als 20-30 Minuten baden.

Zapfensalbe: 3-4 grüne Zapfen geschlossen, 100 ml Öl, 10 g Bienenwachs

Zubereitung: Zapfen grob hacken und mit dem Öl im Wasserbad eine Stunde ziehen lassen unter Rühren. Jetzt das Bienenwachs dazugeben und verflüssigen lassen. Dann durch ein feines Sieb abseihen und in saubere Gläser füllen.

Harzsalbe: 50 g Harz, 100 ml Öl, 10 g Bienenwachs

Zubereitung: Harz und Öl im Wasserbad verflüssigen. Wenn sich das Harz verflüssigt hat, das Bienenwachs dazugeben und verflüssigen lassen. Durch ein feines Sieb abseihen, um Verunreinigungen zu entfernen und in saubere Gläser füllen.

Salz: 40 g junge Triebe, 200 g Salz

Zubereitung: Triebe waschen, trocknen und mit dem Salz in einen Mixer geben und zerkleinern. Jetzt das Salz trocknen lassen und in ein sauberes Glas füllen.

Linde

Linde: Bei der Linde verwendet man hauptsächlich die Blüten für Tee oder Tinktur. Man kann aber auch die Blätter der Linde konsumieren und sie wunderbar für einen Salat oder Smoothie verwenden, indem man einfach ein paar junge frische Blätter dazu gibt.

Inhaltsstoffe: Flavonoide, Gerbstoffe, Ätherische Öle, Schleimstoffe, Polysaccharide, Farnesol, Geraniol und Eugenol, Pflanzensäure, Zucker

Anwendung/Wirkung Linde: beruhigend, krampflösend, schlaffördernd, tonisierend, entzündungshemmend, Atemwegserkrankungen, Erkältungskrankheiten

Rezepte Linde

Sirup: 100 g Lindenblüten, 1 Zitrone, 1 Orange, 1 Liter Wasser, 1 kg Zucker

Zubereitung: Orange und Zitrone in Scheiben schneiden. Orange, Zitrone, Wasser und Lindenblüten in einen Topf geben und 30 Minuten simmern lassen mit Deckel. 24 Stunden ziehen lassen und dann abseihen. Blüten und Obst ausdrücken und die Flüssigkeit in den Topf geben. Jetzt mit dem Zucker aufkochen und heiß in saubere Flaschen füllen

Schokolade: 0,5 Tassen Lindenknospen, 200 g Blockschokolade

Zubereitung: Knospen säubern. Schokolade im Wasserbad schmelzen lassen. Wenn die Schokolade geschmolzen ist, die Knospen unterrühren. Jetzt streicht ihr die Schokolade auf ein Backpapier und lasst sie hart werden.

Gelee: 100 g Lindenblüten, 1 Zitrone, 3:1 Gelierzucker, 1 Liter Orangen-saft

Zubereitung: Zitrone in Scheiben schneiden und mit den Blüten in einem Topf mit Orangensaft 30 Minuten simmern lassen. 24 Stunden ziehen lassen und abseihen. Jetzt mit dem Zucker aufkochen und mit einem Löffel etwas auf einen Teller geben, um zu schauen, ob die Konsistenz gut ist. Wenn es zu flüssig ist, noch etwas Zucker mit dazugeben, ist sie gut, in saubere Gläser füllen.

Obstsalat: 0,5 Tassen Knospen, 1 Apfel, 1 Orange, 1 Zitrone, 1 Banane, 1 Pfirsich, 1 Handvoll Blaubeeren, etwas Zucker, 1 Handvoll Rosinen

Zubereitung: Knospen, Pfirsich und Apfel waschen. Zitrone auspressen. Jetzt den Apfel, Pfirsich und die geschälte Orange in Würfel schneiden und die Banane in Scheiben. Alles in eine Schüssel geben und mit etwas Zucker abschmecken.

Pesto: 1 Tasse Blüten und Knospen, 1 Tasse Blätter, 100 ml Öl, 1 Handvoll Walnüsse geschält, etwas Zucker

Zubereitung: Blüten, Knospen und Blätter waschen und trocknen. Alle Zutaten in einen Mixer geben und pürieren. In ein sauberes Glas füllen und nochmal mit Öl bedecken.

Shrub: 1 Tasse Blüten, 1 Orange, 1 Liter Essig, 1 kg Zucker

Zubereitung: Orange in Scheiben schneiden und mit den Blüten in ein Schraubglas geben. Jetzt mit Essig übergießen und 2-4 Wochen dunkel ziehen lassen und täglich schütteln. Dann durch ein feines Sieb abseihen. In einen Topf geben und mit dem Zucker kurz aufkochen lassen. In saubere Flaschen füllen.

Den Shrub kann man wie Sirup benutzen oder aber auch für Salate verwenden.

Essig: 1,5 Tasse Blüten, 1 Liter Essig

Zubereitung: Blüten und Essig in ein Schraubglas geben und 4 Wochen kühl und dunkel ziehen lassen. Täglich schütteln. Dann abseihen und in ein sauberes Glas füllen.

Mirabelle

Mirabelle: Bei der Mirabelle kann man nicht nur die leckeren Früchte konsumieren, man kann auch die Knospen verwenden. Aus den Knospen kann man sich eine Tinktur oder Tee herstellen. Aber auch die Blätter kann man wunderbar für einen Salat verwenden, einen Smoothie machen oder direkt vom Baum konsumieren

Inhaltsstoffe Mirabellen: Magnesium, Zink, Phosphor, Vitamin B1, Kalium, Vitamin C, Pektin, Sorbit

Anwendung/Wirkung: Muskel und Nerven entspannend, gut für Haut, Nägel, Haare und Herz, harntreibend, verdauungsfördernd, entwässernd, stärkt den Darm

Rezepte Mirabelle

Sirup: 1 Liter Saft, 1 kg Zucker

Zubereitung: Saft und Zucker zusammen aufkochen lassen, bis der Zucker verflüssigt ist. In saubere Flaschen füllen.

Marmelade: 1,5 kg Mirabellen entkernt, 1 Packung Gelierzucker 3:1, 100 ml Mirabellensaft oder Wasser

Zubereitung: Mirabellen mit dem Mirabellensaft in einen Topf geben und weichkochen. Jetzt die Mirabellen pürieren und den Zucker hinzufügen und kurz aufkochen lassen. In saubere Gläser füllen und abkühlen lassen. Gläser nicht auf den Kopf stellen.

Saft: 6 kg Mirabellen

<u>Zubereitung:</u> Mirabellen in euren Dampfentsafter geben und entsaften. Wenn man die Mirabellen vorher entkernt, kann man mehr Saft gewinnen aus einer Ladung, da man mehr Mirabellen reinbekommt. Den Saft nochmal kurz aufkochen und wer mag, kann noch etwas Zucker hinzufügen. In saubere Flaschen füllen.

Ihr könnt euch aber auch einen Multivitaminsaft machen, indem ihr noch Äpfel, Zwetschgen oder anderes Obst hinzugebt. Um den Saft haltbar zu machen, müsst ihr ihn einkochen bei 90 Grad für 30 Minuten. Wer wie ich im Kochtopf einkocht, der hat 100 Grad für 30 Minuten. Die Flaschen sollten mindesten ¾ mit Wasser bedeckt sein.

Wichtig: Keinen Plastikdeckel verwenden, da der schmelzen kann und die Flaschen dann nicht dicht sind.

Gelee: 1,5 Liter Saft, 3:1 Gelierzucker

<u>Zubereitung:</u> Für ein Gelee könnt ihr euch jetzt 1,5 Liter von eurem Saft nehmen und ihn mit einem 3:1 Gelierzucker nach Anleitung aufkochen und in saubere Gläser füllen. Gläser nicht auf den Kopf stellen beim Abkühlen, da sich sonst eine Keimbrücke bilden kann.

Einkochen: Mirabellen kann man problemlos einkochen und dafür braucht ihr nur eure gewünschte Menge Mirabellen und saubere Schraubgläser. Mirabellen entkernen, waschen und schlechte Mirabellen oder Stellen entfernen. Dann füllt ihr die Mirabellen bis 5 cm unter den Rand in eure Gläser. Jetzt füllt ihr die Gläser bis 3 cm unter den Rand mit Wasser auf und gebt 1 TL Zucker ins Glas. Den Rand nochmal saubermachen und verschließen. Jetzt legt ihr ein Handtuch oder Holz-Schaschlikspieße unten in den Topf, so dass die Gläser nicht direkt auf dem Boden stehen. Einkochzeit ist 30 Minuten bei 100 Grad im Topf und die Einkochzeit beginnt, wenn das Wasser kocht. Den Topf aber langsam erhitzen, sonst kocht das Wasser, aber im Glas ist es noch kalt.

Shrub: 100 g Mirabellen entkernt, 1 Liter Essig, 1 kg Zucker

Zubereitung: Die gewaschenen Mirabellen mit Essig übergießen und 2-4 Wochen dunkel stellen und ziehen lassen, täglich schütteln. Dann durch ein feines Sieb abseihen. In einen Topf geben und mit dem Zucker kurz aufkochen lassen. In saubere Flaschen füllen.

Den Shrub kann man wie Sirup benutzen oder aber auch für Salate verwenden.

Senf: 200 g Mirabellen entkernt, 2 EL Essig, 2 EL Senfpulver, 50 g Zucker, etwas Salz und Pfeffer

Zubereitung: Früchte waschen, entkernen und in kleine Stücke schneiden. Alle Zutaten in eine Schüssel geben und pürieren. Mit Salz und Pfeffer abschmecken und in ein sauberes Glas füllen.

Tanne

Tanne: Die Tanne ist wie alle Nadelbäume (außer Eibe) ein sehr guter Baum bei Erkältungen und Atemwegserkrankungen. Meiner Mutter hilft der Sirup aus den Maiwipfeln bei COPD sehr gut, sie muss keine Medikamente nehmen, solange sie meinen selbstgemachten Sirup bekommt und das finde ich sehr gut. Man kann die Nadeln entweder pur kauen oder sich einen wohlschmeckenden Tee zubereiten. Aber auch das Harz kann man verwenden und damit räuchern, sich eine Salbe herstellen oder pur genießen. Man sollte aber nicht extra den Baum beschädigen, um an das Harz zu kommen, am besten geht man nach Waldarbeiten sich das Harz besorgen. Durch die schweren Maschinen, die im Wald eingesetzt werden, wird leider immer mal ein Baum verletzt und dieses Harz kann man sich dann sammeln. Es tut aber auch schon gut, wenn man einfach durch einen Nadelwald läuft und die Bäume riecht und sieht. Ihr könnt bei der Tanne die jungen Maiwipfel oder die älteren Nadeln verwenden, wenn ihr euch einen Tee macht. Die jungen Triebe schmecken aber besser und deshalb sollte man sich davon genug sammeln, damit man auch welche einfrieren kann oder ihr lasst sie trocknen.

Inhaltsstoffe: Ätherische Öle, Camphen, Pinen, Limonen, Mineralstoffe, Vitamine, Flavonoide, Gerbstoffe, Vitamine

Anwendung/Wirkung: Stärkt das Immunsystem, hilft bei COPD, Atemwegserkrankungen, Erkältung, lindert Rheumatische Beschwerden, Durchblutungsstörungen, Harnwegsbeschwerden.

Rezepte Tanne

Maiwipfel Hustensirup: 2 Handvoll Maiwipfel, 8 Blatt Efeu, 2 Zitronen, ca. 1 kg Zucker, 20 ml Wodka

Zubereitung: Maiwipfel und Efeu grob hacken, Zitronen in Scheiben schneiden. Jetzt schichtet ihr Zucker auf den Boden, dann Maiwipfel und Efeu und Zitrone in ein Schraubglas. Die letzte Schicht sollte Zucker sein und als Starter kippt ihr die 20 ml Wodka drüber. Jetzt lasst ihr es so lange an einem warmen hellen Ort stehen, bis alles komplett flüssig ist. Diesen Sirup könnt ihr täglich konsumieren, am besten 1-3 TL am Tag. Wenn ihr wollt, könnt ihr auch noch etwas Thymian mit dazugeben.

Salz: 100 g Maiwipfel, 250 g Salz

Zubereitung: Maiwipfel waschen und trocknen. Jetzt die Maiwipfel mit dem Salz in einen Mixer geben und kräftig durchmixen. Dann breitet ihr das Gemisch auf einem Backblech mit Backpapier aus und lasst es trocknen. Ihr könnt es auch im Backofen trocknen bei 50 Grad. Kochlöffel zwischen Ofen und Tür klemmen, damit die Feuchtigkeit entweichen kann. Der Vorgang dauert nur ein paar Stunden. Wenn das Salz trocken ist, in ein sauberes Schraubglas füllen.

Smoothie: 1 Handvoll Maiwipfel, 1 Apfel, 1 Banane, 1 Orange, 1 Zitrone, 150 ml Apfelsaft

Zubereitung: Apfel entkernen, Banane schälen und die Orange und Zitrone auspressen. Alle Zutaten in einen Mixer geben und pürieren.

Pesto: 100 g Maiwipfel, 50 g Walnüsse, 50 g Pinienkerne, 1 TL Salz, 100 ml Öl

Zubereitung: Nüsse in einer Pfanne ohne Öl anrösten. Alle Zutaten in einen Mixer geben und pürieren. In ein sauberes Schraubglas füllen.

Öl: 50 g Maiwipfel, 1 Liter Öl

Zubereitung: Maiwipfel waschen, trocknen und grob hacken. Öl und Maiwipfel in eine saubere Flasche füllen und verschließen. 4 Wochen kühl lagern und täglich schütteln. Abseihen und in eine saubere Flasche füllen.

Gelee: 100 g Maiwipfel, 1 Zitrone, 1 Liter Wasser, 2:1 Gelierzucker

Zubereitung: Zitrone in Scheiben schneiden. Maiwipfel, Zitrone und Wasser in einen Topf geben und 20 Minuten köcheln lassen. 2 Tage ziehen lassen und dann abseihen. Jetzt mit dem Zucker nach Anleitung aufkochen und in saubere Gläser füllen.

Sirup: 100 g Maiwipfel, 1 Zitrone, 1 Orange, 1 kg Zucker, 1 Liter Wasser

Zubereitung: Orange und Zitrone in Scheiben schneiden und mit den Maiwipfeln in einem Topf mit Wasser köcheln lassen. 1-2 Tage abgedeckt ziehen lassen und dann abseihen. Alles nochmal etwas ausdrücken und dann mit 1 kg Zucker aufkochen. Heiß in saubere Flaschen füllen.

Harzsalbe: 50 g Harz, 100 ml Öl, 10 g Bienenwachs

Zubereitung: Harz und Öl im Wasserbad verflüssigen. Wenn sich das Harz verflüssigt hat, das Bienenwachs dazugeben und verflüssigen lassen. Durch ein feines Sieb abseihen, um Verunreinigungen zu entfernen und in saubere Gläser füllen.

Zapfensalbe: 1 grünen Zapfen geschlossen, 100 ml Öl, 10 g Bienenwachs

Zubereitung: Zapfen grob hacken und mit dem Öl im Wasserbad eine Stunde ziehen lassen unter Rühren. Jetzt das Bienenwachs dazugeben und verflüssigen lassen. Dann durch ein feines Sieb abseihen und in saubere Gläser füllen.

Tinktur: 20 g Nadeln, 100 ml Alkohol

Zubereitung: Wenn ihr frische Nadeln benutzt, dann nehmt ihr einen Alkohol mit 70% und wenn ihr getrocknete Nadeln benutzt, dann reicht ein Alkoholgehalt von 40%

Nadeln grob hacken und in ein Schraubglas geben und mit Alkohol befüllen. Jetzt lasst ihr das Glas kühl für 2 Monate stehen und schüttelt es täglich. Abseihen und in ein dunkles Glas füllen.

Inhalieren: 30 g Tannennadeln, 1 Liter Wasser, Handtuch

Zubereitung: Nadeln grob hacken und mit 1 Liter kochendem Wasser übergießen. Jetzt kann man den Dampf inhalieren, um die Atemwege freizumachen.

Badezusatz: 250 g Nadeln, 2 Liter Wasser

Zubereitung: Nadeln in 2 Liter Wasser mit Deckel für 30 Minuten simmern lassen. Jetzt könnt ihr den Sud mit oder ohne Nadeln in euer Badewasser geben. Der Badezusatz wirkt entspannend und befreit die Atemwege. Wer eine Sauna hat, kann den Sud auch als Aufguss verwenden.

Walnuss

Walnuss: Sie gehören zu den gesündesten Nüssen, die es gibt und davon kann man nie genug essen, aber nicht nur die Nuss ist essbar, sondern auch die Blätter kann man konsumieren. Man kann sich aber auch eine Tinktur herstellen oder einfach einen Tee machen. Die Walnuss wird auch der Herz-Kreislauf-Baum genannt wie der Weißdorn. Zudem sind Walnüsse auch gut für unser Gehirn.

Inhaltsstoffe Nüsse: Folsäure, Eisen, Kalium, Omega-3-Fettsäuren, Magnesium, Zink, Kupfer, Eisen, Phosphor, Fette, Antioxidantien, Vitamine, Kohlenhydrate

Wirkung Walnuss: antibakteriell, antioxidativ, stoffwechselanregend, entzündungshemmend, ist gut bei Hautkrankheiten wie Akne, Ekzemen, Krampfadern, wirkt zusammenziehend, hilft gegen Schweiß.

Inhaltsstoffe Blätter: Ätherische Öle, Salicylsäure, Vitamin C, Kaffeesäurederivate, Juglon, Flavonoide, Gerbstoffe, Hydrojuglon

Wirkung/Anwendung: senkt das Cholesterin, hilft bei Diabetes, gut bei Schwangerschaft, entzündungshemmend, Hautkrankheiten, Ekzeme, antibakteriell, antioxidativ, zusammenziehend, hilft bei Krampfadern, Akne

Rezepte Walnuss

Marmelade:150g Walnüsse geschält, 1 kg Zwetschgen, Saft einer Zitrone, 1 Päckchen Gelierzucker 3:1, 50g Zucker

Zubereitung: Walnüsse grob hacken und mit den 50g Zucker karamellisieren bei kleiner Hitze und dann auf ein Backpapier geben zum Abkühlen. Die Zwetschgen entkernen und grob hacken. In einem Topf ca. 1,5 Stunden bei kleiner Hitze köcheln lassen und gelegentlich umrühren. Jetzt den Zitronensaft, die Walnüsse und den Gelierzucker dazugeben und kurz aufkochen lassen unter Rühren. In saubere Gläser füllen und die Gläser nicht auf den Kopf drehen.

Pasta: 200 g Spaghetti, 100 g Walnüsse geschält, 20 g Parmesan, 20 g Petersilie, 250 ml Schlagsahne, 1 Zwiebel, 1 Knoblauchzehe, Olivenöl, Salz, Pfeffer, Muskat

Zubereitung: Nudeln nach Packungsangabe kochen. Walnüsse in einer Pfanne ohne Öl leicht anrösten und danach fein hacken oder mahlen. Dann die Zwiebel und den Knoblauch schälen, fein würfeln und in Öl glasig anbraten. Petersilie waschen, trocknen und fein hacken. Sahne, Parmesan, Walnüsse und Petersilie zu der Zwiebel-Knoblauch-Mischung geben und kurz aufkochen lassen und mit den Gewürzen abschmecken.

Schnaps: 1 Liter Wodka, ca. 15 Walnüsse mit Schale frisch, 1 Sternanis, 1 TL Zimt, 2 Gewürznelken, 30 g Zucker

Zubereitung: Walnüsse mit einem Hammer kaputt schlagen. Alle Zutaten in ein großes Schraubglas füllen und für 4 Wochen in die Sonne stellen. Nach 4 Wochen alles durch ein feines Sieb abseihen und in saubere Flaschen füllen.

Likör: 250 ml Walnüsse geschält, 150 g Zucker, 1 Vanilleschote, 1 Liter Schnaps/Wodka, 1 Zimtstange

Zubereitung: Walnüsse grob zerkleinern und in einer Pfanne ohne Öl kurz anrösten. Vanilleschote der Länge nach aufschneiden und das Mark mit einem Löffel rausholen. Alle Zutaten in ein Schraubglas geben und 6 Wochen dunkel und warm lagern. Gelegentlich mal schütteln. Abseihen und in saubere Flaschen füllen.

Öl: 1 kg Walnüsse geschält, Ölpresse

Zubereitung: Walnüsse grob hacken und langsam in eure Ölpresse geben. Dann das fertige Öl in einen Messbecher geben und 4 Stunden ruhen lassen, man kann es auch über Nacht ruhen lassen, da sich so die Schwebstoffe absetzen. Nach dem Ruhen in eine dunkle Flasche füllen. Aus einem Kilo Walnüsse bekommt ihr ungefähr 400-500 ml Öl raus. Wichtig ist, dass ihr frische getrocknete Nüsse verwendet.

Jetzt habt ihr ja einen Rest (Trester) noch übrig und den müsst ihr nicht wegschmeißen, den könnt ihr auch noch verwenden. Den Trester, den ihr übrig habt, könnt ihr jetzt in ein Sonnenblumenöl geben und lasst es 2-4 Wochen kühl und dunkel stehen. Täglich schütteln, so nimmt das Öl den Geschmack der Walnuss an. Das funktioniert auch mit ganzen Nüssen. Jetzt füllt ihr das Öl wieder in einen Messbecher und lasst es ruhen, bis sich die Schwebstoffe abgesetzt haben und füllt es wieder in eine dunkle Flasche.

Sahnelikör: 200g Walnüsse geschält, 200g Zucker, 200ml Sahne, 300ml Weinbrand, 1 Vanilleschote

Zubereitung: Vanilleschote der Länge nach aufschneiden und das Mark mit einem Löffel rausholen. Alle Zutaten in einen Mixer geben und zu einem feinen Mus verarbeiten. In saubere Flaschen füllen.

Badezusatz: 4 EL getrocknete Blätter, 1 Liter Wasser

Zubereitung: Die Blätter mit heißem Wasser übergießen und 1 Stunde ziehen lassen. Jetzt kannst du den Sud abseihen oder direkt so ins Badewasser geben. Das hilft bei unreiner Haut und du kannst den Auszug auch als Gesichtswasser benutzen bei Akne.

Pesto: 50 g Walnüsse, 75 g Basilikum, 100 ml Öl, 50 g Parmesan, Salz, Pfeffer

Zubereitung: Walnüsse grob hacken und in einer Pfanne ohne Öl anrösten. Alle Zutaten in einen Mixer geben und pürieren. Mit Salz und Pfeffer abschmecken und in ein sauberes Glas füllen.

Schlusswort

Ich hoffe, es hat euch gefallen, mein kleines, aber feines Buch zu studieren und ihr habt jetzt erst richtig Bock bekommen, euch mit den heimischen Pflanzen zu befassen. Man muss ja nicht vegan leben, um gelegentlich mal mit Kräutern zu kochen. Ich habe für mich einen guten Mittelweg gefunden zwischen gesunder Ernährung und Spaß am Leben, ohne auf etwas zu verzichten.

Und falls euch dieses Buch gefallen hat und ihr noch etwas mehr über mich erfahren wollt, kann ich euch meine anderen Kochbücher empfehlen mit dem Titel EINFACH MAL MIT KRÄUTERN KOCHEN und KINDERLEICHT BACKEN KOCHEN EINKOCHEN oder meine Biografie(kommt bald) DURCHGEHEND DURCH, in der ich euch einige lustige, aufregende und zum Teil unglaubliche Geschichten über mein wildes Leben erzähle.

Ich möchte euch auch mal meine Quellen vorstellen, wo ich mich über Pflanzen, Bäume und ihre heilenden Wirkungen schlau mache.

4000 Jahre Naturheilkunde

Essbare Wildpflanzen

Wildkräuter und Wildfrüchte

Timo G. Vegan unterhaltsam Youtube

Wolf Dieter Storl Bücher und Youtube

Brunnmatthof Heilpflanzenschule Youtube

www.Heilpraxisnet.de

www.Heilkraeuter.de

www.Gesundheitswissen.de

www.Heilpflanzenwelt.com

www.Naturheilkräuter.org

www.Zentrum-der-Gesundheit.de

www.AOK.de

www.Pflanzenfreunde.com

www.KostbareNatur.net

www.Kräuterjunker.com

www.Pflanzen-Lexikon.com

Meine Bücher

EINFACH MAL MIT KRÄUTERN KOCHEN

KINDERLEICHT BACKEN KOCHEN EINKOCHEN

DURCHGEHEND DURCH meine Autobiografie

MEIN KLEINES TAGEBUCH für alle die gerne Tagebuch schreiben

Bild: Tama66 auf Pixabay